GÉNÉRAL ZURLINDEN

ANCIEN MINISTRE DE LA GUERRE

NAPOLÉON

ET

SES MARÉCHAUX

OUVRAGE ILLUSTRÉ
DE 12 PLANCHES TIRÉES HORS TEXTE

★

NAPOLÉON

PARIS

LIBRAIRIE HACHETTE ET Cⁱᵉ

79, BOULEVARD SAINT-GERMAIN, 79

1910

3 fr. 50

NAPOLÉON

ET

SES MARÉCHAUX

★

NAPOLÉON

COULOMMIERS

Imprimerie PAUL BRODARD.

NAPOLÉON,

par Lefèvre. (Appartient à la Ville de Paris.)

Photo. Hachette et Cⁱᵉ.

NAPOLÉON

ET

SES MARÉCHAUX

OUVRAGE ILLUSTRÉ
DE 12 PLANCHES TIRÉES HORS TEXTE

★

NAPOLÉON

PARIS

LIBRAIRIE HACHETTE ET Cⁱᵉ

79, BOULEVARD SAINT-GERMAIN, 79

1910

AVANT-PROPOS

L'HISTOIRE de Napoléon n'est pas terminée. M. Thiers a écrit, magistralement, en vingt volumes, l'histoire du Consulat et de l'Empire; suivant Napoléon pas à pas, dans sa carrière prodigieuse de chef d'État; sachant l'apprécier tant au point de vue de la politique, de la réforme de nos lois, de la refonte de nos administrations, de l'apaisement civil et religieux... qu'au point de vue de la guerre; étudiant à fond et avec talent les campagnes du grand maître de la guerre, en s'aidant des rapports, des bulletins officiels, comme des souvenirs des compagnons de gloire de Napoléon, des maréchaux de l'Empire; et le comparant pour terminer aux grands hommes de guerre de l'histoire, à Alexandre, Annibal, César, Gustave-Adolphe, Condé, Turenne, Frédéric II....

Depuis M. Thiers, bien des auteurs, tant en France qu'à l'étranger, se sont occupés, à l'aide de nouveaux documents, de nombreux points de l'histoire de Napoléon. M. Henry Houssaye, de l'Académie française, a fait sur les dernières années de l'Empire, sur 1814, 1815, des études complètes, approfondies, attachantes, impartiales, qui sont de véritables chefs-d'œuvre.

De son côté, M. Albert Vandal, de l'Académie française, est revenu avec une grande hauteur de vues, une richesse de documents, une justesse d'appréciation, une impartialité très remarquées sur l'avènement de Bonaparte, sur le 18 Brumaire, sur la république consulaire.

La jeunesse, la vie intime, la vie de famille de Napoléon, sont connues maintenant dans tous leurs détails, grâce aux œuvres admirables de clarté, de précision, de vérité, de M. Frédéric Masson, de l'Académie française, un des hommes de lettres qui connaissent le mieux Napoléon....

Au point de vue du commandement des armées,

il a paru sur Napoléon de nombreuses études des plus intéressantes, des mieux documentées. La section historique de l'état-major de l'armée a publié, sur la plupart des campagnes de Napoléon, de nombreux travaux émanant d'officiers les plus compétents; pleins d'intérêt; basés sur les ordres mêmes tels qu'ils ont été donnés non seulement par le commandant en chef, mais par ses sous-ordres parfois jusqu'aux derniers échelons de la hiérarchie; et permettant par suite à chacun d'y trouver des éléments certains, bien contrôlés, pour se former une opinion personnelle sur la direction et l'exécution des opérations.

Bien d'autres écrivains militaires, des plus distingués, comme le général Bonnal, le colonel Camon, et tant d'autres, ont recherché les idées fondamentales sur lesquelles reposent la direction des opérations et des batailles de Napoléon.

A l'étranger, que d'œuvres écrites sur le même sujet! depuis Clausewitz, jusqu'au « Napoléon homme de guerre » du colonel York de Wartenburg; jusqu'aux œuvres historiques, préparées en Allemagne pour célébrer avec enthousiasme, le centenaire de 1813, 1814, 1815. Plusieurs de ces œuvres du centenaire ont déjà paru; elles nous ouvrent de nouveaux horizons en nous montrant, documents en mains, ce qui s'est passé dans le camp ennemi, dans les états-majors des adversaires de Napoléon, en donnant parfois la clef de l'insuccès de certaines manœuvres du grand maître de la guerre.

Les livres abondent donc, pour permettre à ceux qui veulent — en attendant l'histoire définitive, complète, de Napoléon — se faire une idée sérieuse de ce qu'il a été réellement; qui cherchent à comprendre par quel concours extraordinaire de qualités, de talents, par quel concours de circonstances, il a pu s'imposer à la France, dominer les esprits et les cœurs de la nation, insérer dans nos annales des pages de gloire merveilleuse, inouïe, et devenir le plus grand capitaine de l'histoire, le héros de la plus belle des épopées.

Ce travail je l'ai fait pour mon compte. Je l'ai condensé dans ce volume; suivant Napoléon dans les périodes successives de sa vie; mais de haut, sans entrer dans les détails, n'en retenant que ceux qui peuvent mettre en relief son caractère, ses aptitudes, sa manière de faire, son génie.

Puisse cet ouvrage être utile à ceux qui, tout en n'ayant pas le loisir d'étudier eux-mêmes les œuvres de Henry Houssaye, de Vandal, de Frédéric Masson, de Thiers... désirent néanmoins connaître l'homme qui a porté si haut la grandeur et le renom de la France!

Puisse-t-il paraître exact, impartial, à ceux qui auront fait eux-mêmes cette étude!

NAPOLÉON

CHAPITRE I

LA JEUNESSE DE NAPOLÉON

Sa famille. ‖ Son éducation première. ‖ A l'école de Brienne. ‖ Napoléon, lieutenant d'artillerie. ‖ Son rêve de patriote corse. ‖ Ses relations avec Paoli. ‖ Sa première affaire militaire en Sardaigne. ‖ Le siège de Toulon. ‖ L'éducation militaire de Napoléon. ‖ Ses notes d'étude.

NAPOLÉON est né à Ajaccio, le 15 août 1769, de Charles-Marie de Bonaparte et de Marie-Letizia Ramolino.

Sa famille, établie en Corse au XVIe siècle, est une des branches des familles du même nom de Florence, de Trévise..., dont plusieurs membres ont joué des rôles importants, pendant les luttes intestines de l'Italie, dans les armées, dans l'administration, dans la diplomatie.

Le père de Napoléon, Charles Bonaparte, fut orphelin de bonne heure. Il fut élevé par son oncle Lucien, alors archidiacre de la cathédrale d'Ajaccio, homme de valeur, qui s'attacha à relever la fortune et le prestige des Bonaparte. C'est lui qui poussa Charles à étudier le droit à Corte, et à soutenir sa thèse de docteur à Pise; et qui probablement le maria à la nièce d'un chanoine, son ami, à Letizia Ramolino, d'une vieille famille corse, issue elle aussi, d'une maison distinguée de l'Italie. Quand ils se marièrent, Charles avait dix-huit ans, Letizia quatorze; elle était belle à ravir, et sa petite fortune était égale à celle de son mari.

La mère de Letizia, devenue veuve quand sa fille avait cinq ans, s'était remariée à un capitaine de l'armée génoise, François Fesch, originaire de Bâle. Elle en eut un fils, Joseph, — qui devint le cardinal Fesch, et joua un rôle important dans la vie de son neveu Napoléon.

Letizia mit au monde huit enfants. L'aîné était Joseph; le second Napoléon. On a insinué qu'il y avait eu substitution; que Napoléon était l'aîné; qu'on l'avait rajeuni d'un an, en le substituant à son frère cadet Joseph, pour que son âge ne dépassât pas la limite d'entrée à l'école de Brienne, et encore pour lui procurer l'avantage d'être né sous la domination française.... Ces insinuations ne tiennent pas debout. Toute la famille Bonaparte, Napoléon comme ses frères et sœurs, ont toujours traité Joseph comme l'aîné de la famille. Et puis, dans ce pays troublé, divisé, bouillant qu'était alors la Corse, les Bonaparte étaient entourés d'autant d'ennemis ardents que d'amis dévoués. Comment les ennemis auraient-ils pu laisser passer sans protester, sans le dénoncer, un faux comme celui-là !

La maison des Bonaparte est située à Ajaccio dans une rue écartée. Elle est fréquemment visitée. Mais ce n'est plus celle où Napoléon est né et a passé ses jeunes années. Celle-là a été brûlée en 1793. Depuis qu'elle a été reconstruite, elle n'a reçu qu'une seule fois la visite de Napoléon, à son retour d'Égypte.

La nourrice de Napoléon fut Camilla Carbone, femme d'Augustin Ilari, qui faisait le cabotage sur les côtes. Napoléon aimait beaucoup sa nourrice. Plus tard, quand elle vint à Paris assister à son couronnement, l'Empereur la combla de cadeaux, lui donna des maisons, des vignes ; et à Sainte-Hélène, il la recommanda, ainsi que ses enfants et petits-enfants, à ses exécuteurs testamentaires.

A cinq ans, on mit le jeune Napoléon dans une école de petites filles ; mais — il nous l'a appris lui-même, en lui donnant par testament une somme de vingt mille francs — ce fut l'abbé

Recco qui lui apprit à lire. Au dire de sa mère, Letizia, — Madame-Mère, en style de cour — Napoléon était le plus diable de ses enfants. Il aimait les soldats, en dessinait sur tous les murs; échangeait son pain blanc contre du pain de soldat, pour s'habituer à devenir soldat lui-même. Il aimait aussi le calcul, s'enfermait pour mieux étudier; étonnait sa mère en lui calculant la quantité de farine fournie par un moulin, d'après le volume d'eau mettant les roues en mouvement....

Madame-Mère, souvent indulgente, savait aussi être sévère. Un jour, — c'est Napoléon lui-même qui l'a raconté — elle alla jusqu'à lui donner la fessée. Et il semble bien qu'il n'était plus alors tout jeune enfant.

*
* *

A la fin de 1778, Napoléon fut admis par le ministre de la guerre à faire ses études dans un des douze collèges militaires de la France. Son admission avait été facilitée par le Commandant militaire et par l'Intendant général de la Corse, MM. de Marbeuf, et de Boucheporn, dont les descendants furent loin d'avoir à se plaindre de la reconnaissance de Napoléon.

Avant de conduire son fils à l'école militaire, Charles Bonaparte, devenu député de la noblesse des états de la Corse près du Roi, mit Napoléon, ainsi que son fils aîné Joseph, au collège d'Autun, pour y apprendre le français. Au bout de trois mois, vers le 15 mai 1779, Napoléon fut conduit à l'école militaire de Brienne.

Il y arriva attristé, ayant eu de la peine à comprimer ses larmes en se séparant de Joseph; se sentant bien seul au milieu d'étrangers, dont il savait mal la langue; songeant au ciel bleu, au soleil radieux, à l'air parfumé de la Corse. Il se mit néanmoins au travail avec ardeur; et réussit médiocrement en lettres mais très bien en mathématiques. Il eut peu de camarades, un seul ami, Bourrienne. Il vivait seul; jouait rarement, n'intervenant dans les jeux que lorsqu'ils étaient militaires, et alors, dit-on, prenant la direction, le commandement.

Ses maîtres étaient presque tous des religieux. Il aimait beaucoup son professeur de mathématiques, le père Patrault, auquel il servit plus tard une pension alimentaire. Il resta aussi en relations avec son professeur de grammaire, le père Dupuy, et l'employa, une fois officier, à corriger les épreuves de son livre sur la Corse; plus tard, comme premier Consul, il le nomma bibliothécaire de la Malmaison. L'un de ses surveillants à l'école, Pichegru, ne tarda pas à quitter l'enseignement, à entrer dans l'armée, et à se distinguer comme commandant en chef, en Hollande....

Parmi ses camarades, Bourrienne devint plus tard son secrétaire, et put toujours compter sur son affection, malgré de vilaines affaires d'argent; Gudin et Nansouty parvinrent, dans les armées napoléoniennes, aux plus hautes dignités.

Napoléon resta pendant cinq années à l'école de Brienne, n'ayant aucun contact avec l'extérieur; recevant une seule fois, en 1784, la visite de son père qui passa à Brienne, pour y amener son autre fils Lucien, et conduire à Saint-Cyr sa fille Marie-Anne, admise à la Maison royale de Saint-Louis. Quelques semaines après cette visite, Napoléon fut admis à l'École militaire de Paris.

Déjà l'année précédente, il avait été bien noté par l'Inspecteur général, le chevalier de Kéralio, qui l'avait signalé comme s'étant distingué par son application aux mathématiques, comme apte à faire un officier de marine et à entrer à cet effet à l'école de Paris. Napoléon quitta Brienne en octobre 1784. Toute sa vie, il a gardé le meilleur souvenir de ce séjour de cinq ans dans cette école; et lorsqu'il le put, il paya largement sa dette de reconnaissance à la ville de Brienne, et à la veuve de l'Inspecteur de Kéralio.

Il entra à l'École militaire de Paris comme élève-officier d'artillerie; entre temps, il avait renoncé à la marine. Il ne resta qu'un an dans cette nouvelle école. La qualité si précieuse, si utile, qui joua un si grand rôle dans sa vie, la puissance de travail, lui vint en aide dès cette époque. Pendant que ses camarades faisaient deux et trois ans d'école, il réussit au bout d'une seule année, à se faire recevoir aux examens de sortie, et à être classé comme officier dans l'arme de l'artillerie.

Parmi ses camarade de l'École militaire, il y en a deux qu'on ne saurait oublier : c'est d'abord son ami des Mazis, qui se fit classer dans le même régiment d'artillerie que Napoléon, à sa sortie de l'école; mais qui émigra, puis rentra en France pour devenir chambellan de son ancien camarade. L'autre était l'ennemi d'école de Napoléon, Le Picard de Phélippaux, de deux ans plus âgé que lui, et qui sortit dans le génie. Les deux jeunes gens se détestaient cordialement. — A la sortie de l'école, pendant que Napoléon resta au service de la République, Phélippaux ne tarda pas à émigrer, et à se distinguer par son dévouement à la monarchie. Il fit plusieurs traits d'audace pour le service du Roi; et entre autres il réussit à faire évader du Temple l'Anglais Sidney-Smith, son ami, qui fut mêlé à des complots contre la Révolution; puis il accompagna Sidney-Smith, qui avait repris le commandement de sa croisière, dans la Méditerranée, pendant l'expédition d'Égypte. Lorsque Bonaparte marcha sur Saint-Jean-d'Acre, Phélippaux se jeta dans la place avec Sidney-Smith, et devint l'âme de cette défense, âpre, invincible, qui fit échec à la fortune de Napoléon. Quand celui-ci abandonna le siège et rentra en Égypte, Phélippaux se prépara à le suivre, à le harceler; mais il tomba épuisé, et mourut en deux jours. —

*
* *

Le régiment d'artillerie de la Fère, dans lequel Napoléon fut classé, en sortant de l'École militaire, tenait garnison à Valence. Napoléon y arriva dans les premiers jours de novembre 1785; en deuil de son père, décédé quelques mois auparavant, à Montpellier où il avait été se faire soigner pour un cancer à l'estomac.

A Valence, Napoléon fut logé, au coin de la Grande-Rue et de la Rue du Croissant, chez Mlle Bou, vieille fille obligeante, dont il conserva le meilleur souvenir. Il commença son service par faire un stage dans les différents bas grades, et ne fut définitivement reçu officier que le 10 janvier 1786. Ce fut alors qu'il endossa fièrement son premier uniforme d'officier, dont il parlait encore, sous le Consulat, en essayant d'autres uniformes plus brillants. « Je n'en connais pas de plus beau, disait-il, que mon habit d'artilleur. »

Au régiment, il eut fort à faire pour se mettre au courant du service. Il trouva néanmoins le temps de lire beaucoup et de prendre, sur ses lectures, des notes dont il formait des cahiers. A ce moment — ses cahiers de 1786 le prouvent — il s'occupa surtout de l'histoire de la Corse; et aussi de Rousseau dont les théories le séduisirent parce qu'il s'était proclamé l'ami de la Corse.

Au 1er septembre, il obtint un congé de semestre, et arriva à Ajaccio vers le milieu du mois. On n'a pas trouvé trace de ses études pendant ce congé; au dire de son frère Joseph, il travailla beaucoup; son semestre ayant été prolongé, il s'occupa des affaires de sa famille, comme s'il en avait été le chef; en octobre 1787, il se rendit à Paris, s'installa à l'hôtel de Cherbourg, rue du Four-Saint-Honoré, et fit de nombreuses démar-

ches au sujet des indemnités que sa mère réclamait pour une pépinière de mûriers.

En même temps, il obtint une nouvelle prolongation de congé de six mois; et échappa aux
séductions de Paris, pour rentrer en Corse et
s'occuper activement des affaires de sa mère. Il
eut à ce moment l'occasion d'aller à Bastia et
d'y voir ses camarades de l'artillerie; mais il ne
leur plut guère, et leur parut absorbé par la politique, par la politique corse surtout.

Le 1er juin 1788, il rentra à son régiment qui
avait changé de garnison et se tenait à Auxonne.
Le commandant de l'école d'artillerie de cette
ville, le général baron du Teil, paraît l'avoir
fort bien accueilli, et avoir eu de l'influence sur
sa carrière. — A Sainte-Hélène, Napoléon s'en
souviendra et inscrira les descendants du général
dans son testament. — Napoléon eut aussi les
meilleures relations avec ses camarades de régiment; mais n'ayant que sa solde pour s'entretenir,
vivant retiré, manquant de distractions, il se réfugia dans le travail; et ne se donnant dès ce moment
que six heures de sommeil, il fit de nombreuses
études, dont on a trouvé la trace dans ses cahiers
de notes, sur la Corse et l'histoire générale.

En ce qui concerne son métier d'artilleur, on n'a
trouvé qu'un seul cahier qui ne présente pas grand

intérêt. Mais une annotation écrite de sa main, doit faire croire qu'il y avait quatre autres cahiers, concernant le métier militaire, qui ont disparu, ou qu'il a peut-être fait disparaître lui-même. — Nous aurons à revenir sur cette question.

Dans les derniers temps de ce séjour à Auxonne, il s'occupa aussi très activement de terminer, et de préparer pour la publication, ses *Lettres sur la Corse*. Il les fit corriger et transcrire par son ancien professeur, le père Dupuy, alors à Laon. Il écrivit aussi à Paoli, à Londres, pour lui en faire l'hommage. A ce moment, il était foncièrement Corse, détestant les oppresseurs de sa patrie, même la France royale; entièrement dévoué à Paoli qui personnifiait pour lui l'idée de l'indépendance de la Corse.

Au commencement de septembre 1789, il obtint un nouveau congé de semestre, et débarqua en Corse, plein de ses rêves d'émancipation, empreint aussi des grands événements qui se déroulaient en France, de l'abolition de l'ancien régime, de la création des gardes nationales, des lois libérales votées par les États généraux, et l'Assemblée constituante; mais il s'aperçut bientôt que rien n'était changé dans l'île, que tout s'y passait comme autrefois, que les troupes continuaient à porter la cocarde blanche. Alors l'homme d'action se révéla:

il n'hésita pas, ouvrit un club à Ajaccio, fit prendre à ses concitoyens la cocarde tricolore, pressa l'organisation de la garde nationale... et rédigea, en la signant le premier comme « officier », une adresse aux députés du Tiers-État de la Corse, Salicetti et Colonna de César-Rocca, pour protester énergiquement contre le régime exceptionnel, auquel la Corse était soumise.

Puis, il part pour Bastia, révolutionne la ville, et dans deux émeutes force le gouverneur à faire arborer la cocarde tricolore à la garnison, à livrer des armes à la garde nationale.... Le gouverneur lui intime l'ordre de retourner à Ajaccio. Il ne quitte pas Bastia sans avoir contribué à la rédaction d'une lettre aux députés, leur présentant la vérité sur ces événements, et leur montrant la nécessité d'assurer en Corse l'exécution des décrets de l'Assemblée nationale. La lettre a un plein succès : l'Assemblée décrète l'assimilation de la Corse aux autres parties de la France.

Rentré à Ajaccio, il s'occupe de la nomination de son frère Joseph, dans la municipalité, et entre lui-même, comme simple soldat, dans la garde nationale. En juin 1790, il obtient une prolongation de congé de quatre mois.

Vers cette époque, Paoli rentra de son exil d'Angleterre. Rappelé en France par un vote de

l'Assemblée nationale, il avait été accueilli chaleu-
reusement par cette assemblée, comme par le
gouvernement et par le peuple de Paris, et avait
reçu une véritable mission de dictature pour la
Corse. Il fut acclamé par ses concitoyens. Napoléon fut parmi ceux qui lui apportèrent l'adresse
et les vœux d'Ajaccio; il eut ainsi l'occasion de
voir Paoli. Mais il ne semble pas que cette
entrevue les ait rapprochés plus étroitement; il y
eut plutôt des heurts entre le vieil homme usé,
et le jeune patriote ardent et enthousiaste.

Napoléon continua à se mêler à tous les événements de Corse et d'Ajaccio, même à des mouvements révolutionnaires, jusqu'au moment où, à
la fin de janvier 1791, il s'embarqua pour son
régiment, emmenant avec lui son jeune frère
Louis.

Dès son arrivée à Auxonne, il mit en train
l'éducation de Louis et s'occupa de faire imprimer
une *Lettre sur la politique intérieure de la Corse*,
dont il envoya plusieurs exemplaires à Paoli,
en lui demandant des documents pour achever
son *Histoire de la Corse*. Dans sa réponse,
Paoli lui fit sentir que sa *Lettre* le laissait
froid; qu'il lui paraissait bien jeune pour
écrire l'histoire; et que, de son propre côté, il
n'avait pas le temps de chercher des documents.

Quelques jours après, Paoli confirma ce refus à Joseph, le frère de Napoléon.

Sur ces entrefaites, Napoléon fut classé au régiment de Grenoble, à Valence. C'est à regret qu'il quitta ses camarades du régiment de la Fère, des Mazis et Lelieur de Ville-sur-Arce, qu'il attacha plus tard à sa maison impériale; Gassendi et Marescot dont il fit des grands officiers de l'Empire.

A Valence, il retrouva sa chambre chez Mlle Bou, revit d'anciennes connaissances de son premier séjour, se lia avec M. de Montalivet — dont il fit plus tard un ministre —; continua à s'occuper de l'éducation de Louis, et à travailler. C'est à ce moment qu'il écrivit son discours sur la question posée par l'académie de Lyon : « quelles vérités, et quels sentiments importe-t-il le plus d'inculquer aux hommes pour leur bonheur? »

Au commencement de septembre, il rentra en Corse avec un congé de semestre, et arriva à Ajaccio pour les élections à l'Assemblée législative. Son frère Joseph était candidat; mais, probablement sous l'influence de Paoli, il subit un échec; puis fut nommé membre du directoire du département. La situation se tendait entre les Bonaparte et les partisans de Paoli.

Les événements se succédèrent ensuite dans la vie de Corse de Napoléon. Son tuteur, l'archidiacre Bonaparte mourut, laissant une certaine aisance à la famille. Les bataillons de garde nationale furent organisés dans l'île; et tout en conservant son grade de lieutenant dans son arme de l'artillerie, Napoléon se fit nommer adjudant-major dans l'un des bataillons de volontaires en formation; puis il brigua l'une des places de lieutenant-colonel, qui devaient être données à l'élection. Dans ce pays ardent de la Corse, les élections sont toujours chaudement disputées; celle-ci fut particulièrement mouvementée, et prit à certain moment les allures d'un coup d'état : on y vit des compagnies de volontaires mandées irrégulièrement à Ajaccio pour y voter, un des commissaires chargés de la surveillance du vote enlevé pour recevoir de force l'hospitalité dans la maison des Bonaparte....

Napoléon fut élu lieutenant-colonel en second; son ami Quenza lieutenant-colonel en premier.

Bientôt éclata une rixe sanglante, sans but certain, entre les partisans des Bonaparte et ceux de Paoli, conduits par Pozzo di Borgo. Le bataillon des volontaires de Napoléon fut dispersé. Quelques compagnies furent envoyées à Bonifacio avec Quenza; d'autres à Corte. Napoléon aurait voulu les rejoindre; mais il sentit le terrain peu solide; et obtint de se rendre à Paris pour régler diverses affaires, et aussi pour se défendre, pour obtenir d'être rétabli dans son grade de lieutenant d'artillerie que ses absences prolongées venaient de lui faire perdre.

Il arriva à Paris le 28 mai 1792, s'installa à l'*Hôtel des patriotes hollandais* rue Royale Saint-Roch, et fit de nombreuses démarches. Il s'enquit aussi de l'état général de la France, assista avec Bourrienne, le 20 juin, à l'irruption de la population dans les Tuileries, puis le 10 août à la grande insurrection.

Il fut replacé dans l'artillerie, le 10 juillet, avec le grade de capitaine. Au commencement de septembre, il obtint de faire sortir de Saint-Cyr sa sœur Marie-Anne, et partit aussitôt après pour Marseille et la Corse.

Il sentit bientôt les mauvaises dispositions de Paoli, qui le savait très lié avec son adversaire politique, le député Salicetti : Il demanda à rejoindre ses volontaires à Bonifacio; Paoli s'y opposa. Il voulut s'occuper de la question des fortifications du golfe de Saint-Florent; Paoli lui enjoignit de rentrer à Ajaccio, et de prendre part à l'expédition que l'on organisait contre la Sardaigne.

Cette expédition a lieu à la fin de février; mais elle est menée mollement, probablement sur les indications de Paoli qui désire ménager la Sardaigne. Bonaparte y remplit surtout un rôle d'artilleur. Il fait débarquer deux canons et un mortier, construire une batterie et ouvrir le feu. A ce moment, éclate une insurrection à bord de notre corvette. Le commandant de l'expédition donne l'ordre de la retraite. Napoléon est obligé de se retirer et d'abandonner par ordre ses canons et son mortier.

Aussitôt, il rédige des mémoires pour reprendre l'expédition sur de nouvelles bases. Il comptait insister à cet égard auprès des députés envoyés en Corse par la Convention, avec des pouvoirs illimités. Les choses traînaient en longueur entre ces députés et Paoli qui aspirait à conserver le pouvoir, lorsque éclata un événement imprévu : La Convention avait mis Paoli en accusation, sur une adresse qui lui avait été envoyée par la société populaire de Toulon, et qui avait été provoquée et rédigée par le frère de Napoléon, Lucien, lequel n'avait que dix-huit ans, mais était attaché comme secrétaire à M. de Sémonville notre ambassadeur à Constantinople.

Napoléon ignorait cette intervention de Lucien; il essaya même de prendre parti pour Paoli, tout en affirmant énergiquement l'union avec la France. Les Paolistes ne l'en traitèrent pas moins en ennemi ainsi que toute sa famille, et lui firent une guerre acharnée. Napoléon tenta alors de leur arracher la citadelle d'Ajaccio; mais son entreprise échoua; poursuivi, traqué, il fut sauvé par des bergers de Bocognano, — dont il se souviendra à Sainte-Hélène en les faisant figurer sur son testament. — Revenu à Ajaccio, il fut forcé de s'enfuir une nouvelle fois; et finalement s'embarqua pour la France à Calvi, avec toute sa famille chassée, elle aussi, d'Ajaccio.

Il débarqua à Toulon, le 13 juin 1793, installa sa famille aux abords de la ville, et se mit aux ordres du général Jean du Teil, le frère de son ancien général d'Auxonne, qui commandait l'artillerie de cette région et l'employa au service des batteries de côte.

Bientôt Napoléon est envoyé à Avignon, à la tête d'un convoi chargé de ramener du matériel. Il rencontre la colonne du général Carteaux, chargée de réprimer l'insurrection de Marseille; et entre en relation avec les représentants du peuple qui marchent avec cette colonne, et parmi lesquels se trouve son compatriote Salicetti. C'est alors qu'il fait paraître sa fameuse brochure : *le Souper de Beaucaire*, qui est intéressante à bien des points de vue, et qui montre combien il avait déjà réfléchi aux choses de la guerre. L'impression qu'il produit sur les représentants est très grande; quelques jours après, il est nommé commandant de l'artillerie de la colonne Carteaux, et mis à même de se signaler, bientôt, au siège de Toulon.

— Dans le 4ᵉ codicille de son testament, à Sainte-Hélène, Napoléon songea à ceux qui l'avaient aidé dans cette première campagne et au siège de Toulon : il fit des legs aux descendants du général Dugommier, commandant en chef l'armée de Toulon, et à ceux du député à la Convention, Gasparin, « qui l'a aidé à faire aboutir son plan d'opérations pour la prise de Toulon ». Pendant son règne, il avait eu l'occasion de témoigner sa reconnaissance à Salicetti, qui fut pourvu d'une haute situation dans le royaume de Naples. Le général Carteaux fut nommé gouverneur de Vincennes, administrateur de la loterie nationale.

*
* *

A partir du siège de Toulon, Napoléon renonça définitivement à toute idée d'ambition en Corse. La période corse de sa jeunesse était terminée; elle fut loin d'avoir nui à sa carrière :

Nul doute que son ambition de succéder à Paoli, de devenir à son tour le dictateur, le régénérateur de la Corse, l'ait poussé, dès sa sortie des écoles, à parfaire son éducation. Il a senti, dès ce moment, combien son instruction était superficielle, insuffisante. Et il s'est attaché à la compléter pour ses destinées de Corse, non seulement comme soldat, mais comme homme politique, comme législateur. Tout l'a intéressé dans ce but : l'homme, son origine, ses institutions et ses associations, la forme de ses divers gouvernements, la part faite au peuple et à la noblesse dans les républiques et dans les monarchies ; l'administration, les finances, le commerce. Il lit, il étudie beaucoup sans guide, sans méthode. Les documents qu'il a entre les mains sont médiocres et confus ; mais il sait en tirer les renseignements utiles. Il n'en retient que les faits, les chiffres, les idées dont il aura à tirer des conséquences, et les note dans ses cahiers nettement, brièvement, clairement.

Ces cahiers, dans lesquels, pendant sa studieuse jeunesse, de 1786 à 1792, il a accumulé des masses de notes sur les points saillants de ses lectures, nous sont parvenus, grâce à Napoléon lui-même. Il les avait conservés, probablement dans un coin de son cabinet, les consultant peut-être en temps et lieu. Pendant les Cent-Jours, il les enferma dans un carton, sur lequel il biffa lui-même une ancienne inscription, pour y écrire : « à remettre au cardinal Fesch, seul » ; scella le paquet du cachet impérial, et le fit porter à son oncle.

Le paquet fut trouvé ficelé et cacheté à la mort du cardinal Fesch, en 1839, par son vicaire, l'abbé Lyonnet, qui l'emporta à Lyon, et l'offrit inutilement au prince Charles-Lucien; puis il le vendit 7 ou 8 000 francs à Libri, brocanteur de manuscrits, qui le céda, presque en entier, à lord Ashburnham, et en livra quelques papiers à d'autres acquéreurs.

Le prince Napoléon s'en occupa en 1881, et pria M. Frédéric Masson d'en dresser l'inventaire. A la vente de la collection Ashburnham, les notes manuscrites de Napoléon furent achetées par la bibliothèque de Florence, qui entreprit de les faire imprimer vers 1893. Le prince Napoléon indiqua alors, au préfet de cette bibliothèque, M. Frédéric Masson, qui collabora à cette opération d'impression et publia son œuvre particulière : *Napoléon inconnu et jeunesse de Napoléon*, si intéressante, si utile pour nous faire connaître les années de préparation de Napoléon.

L'ouvrage de M. Frédéric Masson comprend

toutes les pièces du « fonds Libri », émanant directement de Napoléon ; et toutes les autres notes connues, écrites par Napoléon et ayant un caractère certain d'authenticité. Elle reproduit des extraits de plusieurs de ces pièces, en fac-simile, qui montrent combien l'écriture de Napoléon laissait à désirer, dès sa jeunesse, combien son orthographe était fantaisiste. — Plus tard, à Sainte-Hélène, il déclarera lui-même à Las Cases qu' « un homme public, dans les grandes affaires, un ministre ne peut, ne doit pas écrire l'orthographe... ses idées doivent courir plus vite que sa main ; il faut qu'il mette des mots dans des lettres, des lettres dans des mots ; c'est ensuite aux secrétaires à débrouiller tout cela ».

Dans les papiers de jeunesse de Napoléon, on ne trouve pas de littérature, de vers, de romans. Il s'agit presque toujours d'histoire. « C'est l'histoire, dit M. Frédéric Masson, qui est son institutrice, qui lui fournit ses arguments, sa façon de voir, de penser, qui du premier coup le fait homme d'État. » On retrouve la trace de ses études de jeunesse dans ses grands travaux de l'âge mûr : les principes de sa constitution de l'an VIII existent dans la *Calotte du régiment de la Fère* ; les idées de sa médiation en Suisse, dans son analyse du *Voyage de Corre*....

C'est pendant cette période d'études qu'il s'est formé des idées nettes, précises, sur les vérités indispensables à tout gouvernement, sur les institutions, les aptitudes des différents peuples. En tant qu'esprit de conduite politique, tout est dans ses notes de jeunesse; même la forme à adopter pour parler au peuple, à l'armée, à la postérité.

En même temps, son esprit subit une évolution complète. Au début de sa vie de régiment, il est foncièrement, uniquement Corse. Il aime passionnément la Corse; et pendant qu'il étudie, exilé en France, il pare la Corse dans son esprit de toutes les qualités, de toutes les vertus. Il la voit sans privilèges, sans inégalités, respectueuse des lois, inspirant à ses habitants le courage, le dévouement. Il accuse la France royale de l'opprimer, d'y introduire les haines locales et l'abaissement des caractères.

Aussi, quand la Révolution vient jeter bas les institutions royales, se rallie-t-il immédiatement aux nouvelles idées. Il aide la Corse à s'en pénétrer, à conquérir sa liberté, à obtenir l'assimilation avec tout autre département français.

Alors, il se mêle à la lutte des factions, aux intrigues, aux jalousies de clocher, aux haines familiales de l'île. Il se sent en butte à la méfiance;

il constate l'acharnement des médiocrités à entraver ses projets comme les progrès de sa famille. Il mesure l'étendue des efforts qu'il faudrait faire pour réussir dans un coin de l'île, les trésors de politique, d'habileté, de finesse, de ruse et d'invention qu'il faudrait gaspiller pour faire aboutir une pauvre élection municipale.... Et petit à petit, il perd ses illusions sur la Corse; il comprend combien la réalité est loin des rêves élevés qu'il avait faits. Le dégoût lui monte à l'esprit; il renonce définitivement à son ambition de succéder à Paoli, de devenir à son tour la tête et le bras de la Corse.

Mais le temps qu'il a passé dans ces luttes ardentes, passionnées, n'a pas été perdu. Après avoir étudié les hommes dans ses livres, il les a vus de près dans l'action, dans leurs compétitions, dans leurs luttes. Il a appris comment il faut les mener, comment on se crée des partisans, comment on peut conserver ses amis; il a vu tout ce qu'il faut de politique, d'habileté, de finesse pour constituer un gouvernement. Il a pris part à des émeutes, à des élections mouvementées, à des coups d'état en miniature; il a vu de près un parlement, un dictateur.

Et cette période de sa vie, où il s'est heurté à tant de difficultés, où il a eu tant de déboires, n'a pas été sans tremper fortement son caractère; sans le préparer à intervenir dans la politique sur un plus vaste théâtre. Elle n'est pas la moins intéressante, la moins utile, pour voir poindre les qualités de son esprit : le don de la persuasion, l'autorité qui s'impose; la hardiesse, l'audace, la fermeté dans l'action; la persévérance, et en même temps la puissance dans le travail; la bonté, la générosité, le dévouement pour les siens; l'élévation des sentiments.

*
* *

Pendant que les désillusions sur la Corse lui montaient à l'esprit, Napoléon a dû se sentir attirer de plus en plus par la France. Il a été séduit par les principes de la Révolution. Il a vu la France lutter pour l'idée contre l'Europe entière; et la grandeur de cette lutte a dû l'impressionner. Il a senti que le champ y était autrement vaste, qu'il y avait autrement de place pour tous les talents, pour toutes les ambitions, surtout dans ses armées. Il a dû songer de bonne heure à y trouver la sienne; et à partir de ce moment, on peut être sûr qu'il a dû se préparer avec ardeur à bien remplir sa carrière de chef militaire.

Déjà, quand son ambition était de succéder à Paoli, il avait rêvé d'être, non seulement le réformateur, le législateur de la Corse, mais encore son défenseur ; et il avait dû envisager les difficultés, les nécessités de ce rôle militaire. A coup sûr, il y avait déjà réfléchi en 1790, quand il rencontra Paoli pour la première fois à Ponte-Novo, sur le terrain même de la défaite définitive du grand patriote ; car après avoir entendu de sa bouche le récit des mesures prises pour ce combat, il ne put s'empêcher de lui dire : « Le résultat de ces dispositions a été ce qu'il devait être. »

Pendant ses séjours en Corse, il a été à même de diriger des émeutes, des coups de force ; il a pris part à une expédition, assez près du commandement pour pouvoir le juger, pour apprécier ce qu'il y aurait eu à faire pour réussir. Cela a dû suffire pour donner une tournure pratique à ses études, à ses méditations militaires, et pour lui faire voir combien la nécessité d'une bonne préparation s'impose à ceux qui sont destinés à commander en chef dans les petites, comme dans les grandes opérations.

Les circonstances l'ont donc incontestablement poussé à étudier, à envisager l'art militaire, en homme qui aspire à commander ; et elles lui ont permis de faire cette préparation d'une façon beaucoup plus large, plus utile, plus pratique que s'il était resté au régiment, absorbé par les détails du métier.

Sur quels livres, sur quels documents, s'est faite cette préparation? on ne le saura jamais avec certitude; on en sera toujours réduit aux conjectures; car on n'a trouvé à cet égard. dans ses papiers de jeunesse, que des choses incomplètes, insignifiantes.

Mais il ne faut pas oublier, que ces papiers nous les tenons de Napoléon lui-même. C'est lui qui les a fait empaqueter et porter à son oncle le cardinal Fesch, avant de partir pour Sainte-Hélène. Toute sa vie, il a été de la plus grande prudence pour ce qui touchait à sa réputation : après Marengo, il s'est préoccupé, pendant cinq ans, de faire redresser la relation officielle de cette bataille; en Russie, pendant la retraite, il a fait brûler les nombreux documents personnels qu'il avait apportés pour les mettre en ordre; à Sainte-Hélène, après avoir achevé son récit des campagnes d'Italie, il s'est fait donner par Las Cases les premiers brouillons, toutes les copies restant en dehors des exemplaires définitifs; et il les a fait porter à la cuisine pour les brûler.

Avant d'envoyer ses notes de jeunesse au cardinal Fesch, il a dû certainement les revoir avec soin;

car c'était bien les léguer à la postérité. Quand il a revu celles qui concernaient sa préparation militaire, il les a peut-être trouvées au-dessous de sa renommée ; il a pensé qu'on déduirait plus facilement les lois de la guerre napoléonienne de l'étude de ses campagnes, de ses batailles, des actes de sa prodigieuse carrière, que de simples notes écrites au hasard de ses méditations ; et alors, il a dû brûler, non sans un serrement de cœur, les papiers de jeunesse, qui l'avaient aidé à devenir le plus grand homme de guerre du monde.

Il a voulu lui-même qu'on ne trouvât rien de précis sur sa préparation à la guerre. « C'est un problème, écrit M. Henri Houssaye de l'Académie française, que nul parmi les historiens de la jeunesse de Napoléon n'avait jusqu'ici tenté de résoudre. M. Frédéric Masson et M. Arthur Chuquet se sont simplement posé la question. Le général Yung paraît ne l'avoir même pas soupçonnée. Le colonel York de Wartenburg s'est abstenu de la traiter, quoiqu'elle entrât dans le cadre de son *Napoléon als Feldherr*. Quant à la brochure du général Pierron : *Comment s'est formé le génie militaire de Napoléon*, elle porte un titre décevant. M. le général Pierron ne cherche à faire aucune lumière sur les études de

Bonaparte avant 1796. Il s'efforce seulement de démontrer — sans d'ailleurs y réussir — que Bonaparte emprunta à un livre du maréchal de Maillebois, ou plutôt du fils de celui-ci, le plan de la première campagne d'Italie. L'auteur de l'*Éducation militaire de Napoléon* a donc le mérite d'avoir le premier étudié cette question, et de l'avoir précisée, développée, approfondie et éclairée. Je ne dis pas pour cela qu'il en ait donné une solution certaine.... »

Voici, brièvement résumée, cette solution. Elle est d'autant plus intéressante, plus saisissante que son auteur, le capitaine Colin avait, en écrivant l'*Éducation militaire de Napoléon*, une grande habitude des recherches historiques comme attaché à la section historique de l'État-major de l'armée; et qu'étant officier d'artillerie lui-même il s'est trouvé bien placé, pour deviner sur quelles bases un officier de son arme a pu, au temps de Bonaparte, se former les idées sur la guerre et sur les nécessités du haut commandement des armées :

Sans doute, Napoléon est né, comme Condé, avec le don du commandement. Il a une puissance de volonté, de persuasion, une autorité qui s'impose dès son enfance à ceux qui l'entourent, comme elle s'est imposée plus tard aux représentants du peuple, qu'il a rencontrés comme jeune officier aux armées du midi, devant Toulon, ou sur la frontière des Alpes. Il tient en outre de son sang corse, l'énergie, la vivacité, l'obstination si précieuses pour le commandement des armées.

Mais il ne sait presque rien en art militaire, quand, au sortir de Brienne et de l'École militaire, il entre comme officier dans un régiment d'artillerie.

Là, à Valence et Auxonne, il suit les cours, les travaux non seulement de son régiment, mais de l'école d'artillerie de ses garnisons. A cette époque, sous l'inspulsion d'un des chefs les plus éminents de l'arme, le général de Gribeauval, alors premier inspecteur général d'artillerie, on s'occupait activement dans les écoles d'artillerie, non seulement des choses techniques spéciales à l'arme, mais encore de tactique, d'opérations combinées avec les autres armes. Il y avait dans toute l'artillerie un courant d'idées pour chercher à utiliser la mobilité si précieuse du nouveau matériel créé par Gribeauval, à concentrer les efforts des batteries sur le point d'attaque, à préparer l'attaque des autres troupes par le feu de l'artillerie, à faire suivre les troupes, quelle que fût leur rapidité, par leurs batteries.... Toutes ces choses étaient nouvelles; elles étaient énergiques, nettement offensives; bien faites pour faire impression sur l'esprit d'un jeune officier comme Napoléon, et pour constituer un excellent point de départ à ses études sur l'art de la guerre.

D'un autre côté, les ouvrages militaires en vue, de l'époque, que Napoléon a pu se procurer facilement, sont ceux de Guibert, de Boisroger, de Lloyd, de Bourcet, du chevalier du Teil; on y trouve, surtout dans celui de du Teil, des principes qui se rapprochent beaucoup de ceux de la guerre moderne.

Mais ces principes y sont noyés au milieu d'observations de moindre importance. Pour les extraire, les analyser, les approfondir, il a fallu à Napoléon son génie inné. De ce fouillis, il a su tirer les vérités fondamentales, les principes que son jugement lui a fait reconnaître comme indiscutables; et il en a déduit les lois générales, sur lesquelles il s'est appuyé plus tard pour organiser, diriger, décider ses opérations.

D'autres lectures ont dû lui fournir des aliments pour ses méditations sur la guerre. Dans Montesquieu, il a pu lire que « l'objet de la guerre, c'est la victoire; celui de la victoire, la conquête; celui de la conquête, l'occupation ». Dans Machiavel, il a dû être frappé par ces idées si remarquablement élevées sur la guerre : « Ce n'est pas l'or qui est le nerf de la guerre, c'est la valeur du soldat. — Faire la guerre courte et bonne. — Les Romains n'entraient jamais en campagne qu'avec de très grosses armées; la guerre déclarée, ils s'élançaient avec toutes leurs forces au-devant de l'ennemi, livraient bataille aussitôt, et vainqueurs imposaient leurs conditions. Pour vaincre, il faut que la confiance unisse le chef et l'armée et les soldats entre eux. Rien ne fait un capitaine plus grand, que de pénétrer les intentions de son ennemi.... »

Son éducation militaire a dû se faire comme son éducation politique en triant au milieu des renseignements touffus, confus, que lui donnaient ses lectures, les vérités incontestées, utiles, fondamentales; et en apportant dans ce travail un jugement, un discernement, une intelligence, qui sont bien le génie, et qui lui ont permis, dès sa première campagne de se classer à la tête des grands hommes de guerre de l'histoire.

Sans doute, il ne s'agit là que d'hypothèses. Mais cette solution du capitaine Colin est bien plus vraisemblable que celles qui, s'appuyant sur l'absence de notes militaires dans ses papiers de jeunesse, en concluaient que Napoléon a fait la guerre sans préparation aucune, la nature l'ayant produit tout savant, et qu'il s'est préparé à tout sauf à la carrière qu'il a suivie.

Ce qu'il y a de certain, c'est que dès sa rencontre à Avignon avec les représentants du peuple, qui accompagnaient en juin 1793 la colonne Carteaux, il fit sur leur esprit grande impression par la sûreté, la largeur de ses vues au sujet de l'expédition dirigée contre Marseille; par *le Souper de Beaucaire* où il montra combien il avait déjà réfléchi aux choses de la guerre.

Au siège de Toulon, grâce à la confiance que lui témoignèrent les représentants et surtout Gasparin, il réussit à faire adopter son plan d'opérations et contribua dans une large mesure à la prise de la place.

Nommé au commandement de l'artillerie de l'armée d'Italie, il continua à travailler avec les représentants; il fut « leur faiseur de plans »; conseilla une manœuvre sur les derrières des Autrichiens qui réussit; et entre temps, reconnut une grande partie du terrain où opérait l'armée, et où il opérera lui-même si brillamment plus tard.

Relevé de son commandement en août 1794, et installé à Paris, il continua à s'occuper des projets d'opérations sur la frontière des Alpes et en Italie, et réussit après quelques péripéties à se faire attacher au bureau des opérations militaires du Comité de Salut public. Puis, mis en relief par ses relations avec Barras, par son intervention dans la répression d'une insurrection, par le commandement de l'armée de Paris, par un projet de campagne en Italie, il obtint des directeurs et de Carnot le commandement en chef de l'armée d'Italie.

A partir de cette époque, il se lance dans la vie. Les événements se précipitent dans sa carrière; il n'a plus que le temps strictement nécessaire pour les préparer et les provoquer à son heure.

Sa période de méditation, de recueillement est terminée. Il en a profité pour mûrir par le travail, par la réflexion, les merveilleuses qualités de son esprit; pour se tracer une manière de faire toute personnelle, qui lui appartient bien en propre, que l'on retrouve à toutes les époques de sa glorieuse carrière, à l'effet de préparer ses campagnes, de les exécuter, de livrer bataille, et qui restera éternellement le sujet d'études, par excellence, des hommes voulant se préparer à commander à la guerre.

Dans les deux dernières années, sa préparation s'est complétée, non plus avec un dessein général, vague, indéterminé; mais dans le but bien arrêté de commander en chef sur un théâtre d'opérations particulier, en Italie; elle lui a permis d'agir en maître, dès le début de son immortelle campagne de 1796.

CHAPITRE II

LA CAMPAGNE D'ITALIE
L'EXPÉDITION D'ÉGYPTE

NAPOLÉON PREND LE COMMANDEMENT EN CHEF DES ARMÉES D'ITALIE. ‖ SON PLAN D'OPÉRATIONS CONTRE LES AUTRICHIENS ET LES SARDES. ‖ BATAILLES DE MONTENOTTE, DE LODI, DE CASTIGLIONE, DE BASSANO, D'ARCOLE, DE RIVOLI, ETC. ‖ RETOUR TRIOMPHAL A PARIS. ‖ EN ÉGYPTE. ‖ BATAILLES D'ALEXANDRIE, DES PYRAMIDES. ‖ DÉSASTRE NAVAL D'ABOUKIR. ‖ LE SIÈGE DE SAINT-JEAN-D'ACRE. ‖ ABOUKIR. ‖ LE RETOUR.

AVANT de quitter Paris pour prendre le commandement de l'armée d'Italie, Napoléon[1] s'était marié à Joséphine de Tascher la Pagerie, veuve du général de Beauharnais. Le mariage eut lieu le 9 mars 1796. Deux jours après, le jeune général en chef était en route; après s'être arrêté à Marseille pour embrasser sa mère, il arrivait à Nice le 22 mars; et dès le 27 transpor-

1. Pendant toute cette période, Napoléon a été appelé le général Bonaparte. Nous continuerons à le désigner sous le nom de Napoléon.

tait son quartier général à Albenga, près de Savone.

Il était peu connu des troupes, dont il avait assumé la direction. Sa situation ne laissait pas que de présenter de grandes difficultés. Elle a été bien définie par un de ses anciens officiers, le vaillant général de cavalerie Lasalle, dans une conversation qu'il eut avec le comte Rœderer, et qui est rappelée dans les mémoires de ce dernier :

« Là où Napoléon a été le plus grand, disait Lasalle, c'est à la guerre d'Italie.... Il n'avait que peu d'hommes, presque sans armes, sans pain, sans souliers, sans argent, sans administration. Point de secours de personne, et l'anarchie dans le gouvernement. Une petite mine ; une réputation de mathématicien et de rêveur : point encore d'actions pour lui ; pas un ami ; regardé comme un ours, parce qu'il était toujours seul à penser. Et il lui a fallu tout créer, tout organiser. C'est là où il a été le plus admirable.... »

En arrivant à Nice, Napoléon sentait combien sa position demandait de tact et de fermeté. Ses lieutenants étaient d'anciens généraux de division : Sérurier, Masséna, Augereau, Laharpe, pour l'infanterie ; pour la cavalerie Kilmaine, Stengel — dont les qualités de chef d'avant-garde lui reviendront à l'esprit à Sainte-Hélène. —

C'étaient tous des hommes rompus aux choses de la guerre, habitués au commandement, inspirant confiance à leurs troupes ; disposés à regarder leur jeune général en chef comme un politicien, faiseur de plans, n'ayant aucune habitude de la troupe et de la guerre.... Dès leur première entrevue, ils s'inclinèrent devant le calme, l'autorité, la précision des ordres de leur nouveau chef.

D'autres inconvénients étaient à éviter. Napoléon l'a dit lui-même à Sainte-Hélène : « Le jeune général, qui fit la conquête de l'Italie, y excita dès le premier instant tous les enthousiasmes, toutes les ambitions. Il n'y avait pas de beauté surtout qui n'aspirât à lui plaire, et à le toucher. Mais ce fut en vain.... Sa tâche était immense ; des regards jaloux s'attachaient à tous ses mouvements, sa circonspection fut extrême. Sa fortune était dans sa sagesse ; il eût pu s'oublier une heure, et combien de ses victoires n'ont pas tenu à davantage !... »

Quand il arriva à l'armée, ses divisions étaient échelonnées le long des Apennins, de Garessio à Voltri. Sur sa gauche, deux autres divisions occupaient les cols de Tende et de Fenestre ; plus au Nord se tenait l'armée des Alpes, commandée par Kellermann. En face de ces troupes, se tenait l'armée austro-sarde, divisée en deux masses :

30 000 Autrichiens, commandés par Beaulieu qui avait son quartier général à Novi ; et 22 000 Sardes commandés par Colli, dont le quartier général était à Ceva.

Le plan d'opérations de Napoléon était tout élaboré d'avance. Il l'avait mûri, perfectionné sans relâche, en se consacrant depuis 1794 à l'étude du rôle qui convenait à l'armée d'Italie. Dans de nombreux mémoires, il n'avait cessé de répéter au Comité de Salut public qu'il fallait avant tout séparer les Sardes des Autrichiens, et imposer la paix au roi de Sardaigne ; ensuite conquérir la Lombardie, et ruiner l'influence de la Maison d'Autriche en Italie ; enfin s'emparer des gorges de Trente, pénétrer dans le Tyrol, se réunir à l'armée du Rhin, et forcer l'empereur d'Autriche, attaqué dans ses états héréditaires, à subir la paix.

Ce projet d'opérations, absolument remarquable, demandait pour réussir, une décision, un coup d'œil, une énergie, une activité, une entente de la guerre, exceptionnels. L'exécution fut encore plus merveilleuse que la conception du plan.

Les opérations commencèrent dès les premiers jours d'avril. Elles furent annoncées aux troupes, par l'admirable ordre du jour, qui restera à jamais dans toutes les mémoires :

« Soldats, vous êtes nus, mal nourris ; le gouvernement vous doit beaucoup, il ne peut rien vous donner. Votre patience, le courage, que vous montrez au milieu de ces rochers, sont admirables ; mais ils ne vous procurent aucune gloire. Aucun éclat ne rejaillit sur vous. Je veux vous conduire dans les plaines les plus fertiles du monde. De riches provinces, de grandes villes seront en votre pouvoir ; vous y trouverez honneur, gloire et richesses. Soldats d'Italie, manqueriez-vous de courage ou de constance ? »

Bientôt les marches commencent pour resserrer l'armée vers le point de jonction des deux masses ennemies, et pour chercher à les séparer par la bataille en manœuvrant par le col de Cadibone. Le 12 avril, la bataille de Montenotte, gagnée sur les Autrichiens, nous ouvre la porte de l'Italie ; le 13 et le 14, les combats de Millesimo et de Dego permettent à nos troupes d'écraser les Sardes, de les séparer définitivement des Autrichiens, et de les contraindre à la paix. La première partie du plan était magistralement exécutée.

Immédiatement, on voit le jeune général en chef prendre ses mesures pour exécuter la deuxième partie de son programme : chasser les Autrichiens de la Lombardie. Dès cette première campagne, il adopte une manière de faire, que l'on retrouve à toutes les époques de sa glorieuse carrière, et qui le classe à la tête des grands hommes de guerre de l'histoire : après avoir tout prévu, tout préparé, il cherche à gagner du temps, à précipiter les événements, à troubler, à surprendre l'ennemi par la rapidité de ses mouvements ; à amener la plus grande partie de ses troupes, et le plus rapidement possible, à proximité des lieux où il désire livrer bataille.

C'est la manœuvre stratégique, ayant pour but de prendre l'avance sur ses adversaires ; de leur opposer plus d'hommes qu'ils n'en auront eux-mêmes ; de chercher soit à séparer leurs masses et à les écraser successivement, soit à atteindre leurs flancs, ou leurs derrières, pour rendre la première bataille aussi décisive, aussi tragique que possible.

Bien des facteurs interviennent dans la détermination de la manœuvre stratégique napoléonienne : la force et la valeur des armées ennemies, leur situation, leur degré de concentration, leurs lignes d'opérations, les difficultés du terrain, l'état des routes.... A toutes les époques de sa carrière, on voit Napoléon exceller dans l'art d'apprécier, à temps, la manœuvre qui convient le mieux aux circonstances ; et sa force d'âme pour mettre ses opérations en train, dès qu'il sent que le moment est venu, est aussi digne d'admiration que la rapidité, la sûreté de son jugement pour les concevoir et les organiser.

C'est là une des faces les plus saisissantes de son génie.

*
* *

Après s'être débarrassé des Sardes, lorsqu'il n'a plus affaire qu'aux Autrichiens, Napoléon cherche à en venir à bout, en manœuvrant par Plaisance, pour tourner leurs lignes de défense, les devancer sur leurs lignes de retraite. Il les atteint à Lodi; les bat, et les rejette au delà de l'Adige.

Alors, il arrête son offensive, fait commencer le siège de Mantoue et prend sur l'Adige une position d'attente. Bientôt l'Autriche lui oppose un nouveau général, le vieux Wurmser, Alsacien de Strasbourg, passé pendant la guerre de Sept ans au service de Marie-Thérèse et resté depuis cette époque dans l'armée de l'Autriche. L'irruption de Wurmser est digne de sa grande réputation. Il débouche brusquement dans la vallée de l'Adige, par l'Est et par le Nord, en bonne situation pour débloquer Mantoue, et pour menacer gravement nos communications.

Napoléon est surpris. Sans perdre un instant,

il fait enclouer les canons qui servent aux opérations contre Mantoue; abandonne le siège et
donne ses ordres pour réunir tout son monde vers
Goïto. On prétend même qu'il a voulu se retirer
plus loin, mais que l'attitude énergique du général Augereau le décida à risquer la bataille immédiatement. Quoi qu'il en soit, ses mesures sont
bien vite arrêtées et mises à exécution : Vivement
attaqué, le corps autrichien du Nord est écrasé à
Lonato. Napoléon accepte la bataille que Wurmser
vient lui offrir à Castiglione. Maintenues de front
par Masséna, les troupes autrichiennes sont attaquées de flanc par Augereau et prises à revers
par Sérurier, appelé de loin, et produisant « l'événement »; elles sont battues et cèdent le terrain.

Quelques semaines après, Napoléon prend
l'offensive dans le Tyrol, et atteint Trente. Il y
guette son adversaire Wurmser, qui de son côté
se porte en avant. Il donne aux Autrichiens la
tentation de nous tourner, de revenir sur Mantoue; prêt à tomber lui-même sur leurs derrières.
Dès qu'ils descendent la vallée de la Brenta, et
envoient un détachement sur Mantoue, Napoléon
les suit au plus vite, les bat à Bassano, les
repousse sur Vicence, manque de couper Wurmser
de Mantoue, et finalement le jette dans cette place.
C'est l'admirable manœuvre de Bassano.

Dans les périodes suivantes, les circonstances deviennent plus difficiles encore. Les effectifs de Napoléon se réduisent ; il reçoit des renforts insuffisants ; et malgré cela, il est obligé d'espacer très loin les trois masses de sa petite armée pour surveiller les débouchés des Autrichiens, pendant qu'une de ses divisions continue à bloquer Mantoue. Aussi quand le général autrichien Alvinzi, qui a succédé à Wurmser, prend l'offensive au commencement de novembre, à la fois par le Frioul et par le Tyrol, à la tête de 45 000 hommes contre les 30 000 de Napoléon, notre division Masséna est-elle immédiatement rejetée de Bassano sur Vérone, et celle de Vaubois sur Rivoli. La situation est des plus critiques. Napoléon s'en tire par la manœuvre d'Arcole, destinée à attirer les ennemis dans une contrée marécageuse, où leur supériorité numérique ne leur serve à rien, le combat ne pouvant être mené que sur les chaussées, par les têtes de colonne.

Les combats désignés sous le nom de bataille d'Arcole durèrent trois jours. Dans la première journée, pour forcer le pont d'Arcole, Napoléon se mit lui-même, un drapeau à la main, à la tête d'une colonne de grenadiers, et l'entraîna jusqu'au milieu du pont. Une division ennemie survint à ce moment pour renforcer les défenseurs du pont.

NAPOLÉON À ARCOLE,

par Gros. (Musée du Louvre.)

Photo. Neurdein.

Nos grenadiers, pris en flanc par un feu de mousqueterie épouvantable, se replièrent; et saisissant leur général par les bras, par les habits, ils l'entraînèrent au milieu des morts, des mourants, de la fumée, et se précipitèrent avec lui dans un marais, où il eut de l'eau jusqu'à mi-corps. Son aide de camp Muiron fut tué en le couvrant de son corps.

Ce jour-là, le maréchal Lannes, alors chef de brigade, était couché à l'ambulance, ses blessures encore ouvertes. Le fracas de la bataille l'attire. Il saute en bas de son lit, et rejoint Napoléon sur le pont d'Arcole, au moment où le drapeau à la main il est débordé et sur le point d'être pris par les Autrichiens. Il se jette en avant de lui, lui prend le drapeau des mains, en lui criant : « ce n'est pas ta place ici »; et se précipitant à la tête de quelques grenadiers, il parvient à le dégager.

Le lendemain et le surlendemain, la bataille recommence dans les mêmes conditions; et la belle conception de Napoléon réussit grâce à sa persévérance, à son énergie, et aussi à la supériorité morale de nos vieux soldats bien aguerris sur les jeunes troupes d'Alvinzi.

Après ces événements, Napoléon reprend sa situation d'attente, mais en rapprochant davantage ses masses qui occupent Desenzano, Rivoli,

Vérone, Legnago, pendant que le blocus de Mantoue se poursuit. Appelé à Bologne pour les affaires de l'Italie, il est obligé de revenir en toute hâte à son quartier général, sur la nouvelle que deux de ses divisions ont été attaquées. C'est une nouvelle offensive des Autrichiens; mais où est l'attaque principale? Il attend. Il est sur le point de marcher vers l'une des deux divisions attaquées lorsque d'autres renseignements lui font deviner que l'effort principal de l'ennemi est ailleurs : qu'il est fait sur Rivoli.

Il dirige aussitôt de ce côté tous les renforts possibles; il y court; mais il est bien tard, et c'est par des miracles de décision, d'activité, d'énergie, de précision dans ses ordres qu'il parvient à amener à temps les secours nécessaires pour arrêter les masses de l'ennemi.

Les mesures qu'il prend pour diriger la bataille sont aussi belles, aussi énergiques que celles qui lui ont permis d'amener des renforts suffisants. Il est bien secondé par Masséna qui fait faire à sa division des prodiges d'endurance et de valeur; par Joubert qui a remarquablement organisé sa défense; par l'infanterie, par l'artillerie; et même par la cavalerie qui trouve à intervenir malgré les difficultés du terrain, et qui, sous les ordres de Lasalle, rend des services signalés. — Plus tard, pendant le camp de Boulogne, on entendra l'Empereur dire : « La bataille de Rivoli, c'est Masséna, Joubert, Lasalle et moi qui l'avons gagnée. »

Pendant ce temps, d'autres troupes ennemies essaient de débloquer Mantoue. Napoléon fonce sur elles, et les oblige à mettre bas les armes. Bientôt après, Wurmser est forcé de capituler faute de vivres. Napoléon fait traiter avec déférence son vieil ennemi dont il estime le courage, et qui, pendant le siège, a fait plusieurs sorties à la tête de ses troupes. Wurmser lui témoigne sa reconnaissance, en lui expédiant quelques jours après un officier chargé de l'instruire d'une trame d'empoisonnement qui devait avoir lieu dans la Romagne, et qui n'aboutit pas grâce à cet avis.

Le succès contre les Autrichiens était complet, décisif. Napoléon descend alors en Italie pour en achever la conquête. Déjà, au milieu de ses opérations militaires, toutes les fois qu'elles lui laissaient un peu de répit, il avait parcouru la péninsule, soumettant les villes, les populations, créant des républiques.... Après la chute de Mantoue, il se porte sur Bologne, et la Romagne, disperse l'armée pontificale, et impose au pape le traité de Tolentino.

En 1797, renforcé par deux divisions, il porta

la guerre en Autriche, opéra vers Vienne, contre l'archiduc Charles, qu'il battit dans toutes les circonstances ; et arriva par grands bonds successifs, jusqu'aux abords de la capitale ennemie. L'Autriche demanda la paix ; les préliminaires furent signés à Léoben.

Sans perdre un instant, Napoléon revint en arrière pour châtier Venise, qui avait soulevé les populations sur nos derrières, occasionné le massacre d'un grand nombre de nos nationaux, et criblé de boulets un lougre français forcé de se réfugier dans son port. Le châtiment fut aussi sévère qu'avait été grande la perfidie du Sénat. Venise fut définitivement ruinée, le drapeau tricolore planté sur la place Saint-Marc ; l'antique et aristocratique république fut gérée par un gouvernement démocratique. L'Europe tout entière se sentit ébranlée par tant de succès.

A Paris, l'enthousiasme débordait. Jamais la France n'avait été aussi grande, jamais elle n'avait eu une paix aussi glorieuse. Aussi quand Napoléon rentra à Paris, après avoir signé le traité de Campo-Formio, après avoir pacifié l'Italie, qui l'applaudissait maintenant comme son libérateur, après avoir créé la grande république cisalpine qui contenait en germe l'unité italienne, la France entière acclama-t-elle avec frénésie le jeune général. L'enivrement était universel; tous les regards, toutes les pensées étaient pour l'homme extraordinaire, à l'aspect si chétif, aux matières simples, modestes, qui venait de porter si haut le renom et la grandeur de la France.

Aujourd'hui encore, malgré la reculée du temps toute cette gloire reste entière, éclatante. Il n'y a pas une ombre dans l'admiration que l'on éprouve pour les talents extraordinaires de ce général de vingt-sept ans, qui du premier coup se place à la tête des grands hommes de guerre du monde, dans cette campagne immortelle de 1796, la plus belle de l'histoire. Sa puissance de travail, son activité physique et intellectuelle tiennent du prodige. Et il sait communiquer son énergie à toute son armée; il obtient de ses troupes des efforts inconnus avant lui, et qui influeront sur toute sa carrière; car, plus tard, il saura les redemander à l'armée d'Austerlitz, d'Iéna, de Friedland... et de tant d'autres victoires.

*
* *

Napoléon s'installa à Paris, entourant sa femme Joséphine de soins affectueux, dans sa maison de la rue Chantereine, qui prit bientôt le nom de rue de la Victoire. Il y vécut simplement, modestement, évitant le bruit, les acclamations; allant souvent aux séances de l'Institut dont il était très fier d'avoir été nommé membre; se consacrant à la préparation de l'armée contre l'Angleterre, et inspectant à cet effet nos ports de la Manche et de l'Océan.

Il ne tarda pas à se convaincre des énormes difficultés que présenterait une tentative de descente en Angleterre, et soumit au Directoire un projet d'expédition en Égypte, destiné à atteindre l'Angleterre indirectement, mais plus sûrement. Le gouvernement accepta, enchanté de se débarrasser de sa popularité grandissante, et lui confia le soin d'organiser et de mettre à exécution cette expédition.

Napoléon quitta Paris le 3 mai 1798, pour Toulon. Le 19 mai, il prenait la mer emmenant sur son vaisseau les savants Monge, Berthollet et plusieurs autres membres de l'Institut; et bientôt, par un beau soleil, plus de 500 voiles, partant à la fois de plusieurs ports, sillonnèrent la mer bleue, pour converger vers l'Orient, et transporter nos 36 000 soldats, commandés par la fleur de nos généraux, de nos officiers : Kléber, Desaix, Lannes, Murat... et tant d'autres.

La flotte toucha d'abord à Malte, pour s'emparer de la formidable place de la Valette, et dissoudre le vieil ordre des Chevaliers de Saint-Jean. Puis sur l'ordre de Napoléon, au lieu de se diriger droit sur Alexandrie, elle se rapprocha de la côte d'Afrique, qu'elle longea ; pendant que Nelson, à la tête de la flotte anglaise parcourait la Méditerranée à notre recherche, et courait de Malte à Alexandrie ; et de ce dernier point, à Rhodes et dans l'Archipel, où on lui annonça enfin, que toute notre armée était débarquée, depuis plusieurs jours, à Alexandrie.

Napoléon était, en effet, arrivé devant Alexandrie, le 1er juillet. Il fit aussitôt commencer le débarquement ; et dès qu'il eut sous la main quelques milliers d'hommes, il les fit marcher contre la ville, sous le commandement de Kléber. L'assaut fut vivement mené et réussit. Aussitôt, la marche de l'armée vers le Caire fut mise en train, pendant que Kléber bléssé restait, avec 3 000 hommes, pour garder Alexandrie.

L'armée marcha vers le Caire, par la rive gauche du Nil, suivie par une flottille de ravitaillement qui remonta le fleuve. Un premier combat eut lieu à Chebreiss, contre l'avant-garde des Mameluks. Quelques jours après, près des Pyramides, en vue du Caire, se livra la fameuse bataille des Pyramides, contre le gros de l'armée ennemie, commandée par Mourad-bey. Nos soldats étaient harassés de fatigue à la suite des marches dans le désert, sous un soleil brûlant. La vue de la brillante cavalerie des Mameluks, l'ordre du jour de leur général en chef : « Du haut de ces pyramides, quarante siècles vous contemplent », relevèrent bien vite leur moral.

Formées en cinq carrés, nos divisions marchèrent à l'ennemi. Aussitôt, Mourad s'élança, à la tête de ses Mameluks sur nos carrés de droite, renouvelant ses charges avec impétuosité ; accueilli partout par une fusillade meurtrière, il finit par être mis en pleine déroute ; en même temps que nos carrés de gauche gagnaient du terrain vers le camp ennemi, qui fut facilement enlevé. La flottille égyptienne avait été massée sur l'autre rive du fleuve ; son chef, Ibrahim-bey, y fit mettre le feu, et s'échappa vers la Syrie, pendant que Mourad se retirait vers la Haute-Égypte, poursuivi par Desaix.

Le lendemain, 22 juillet, Napoléon fit son entrée au Caire ; il rassura immédiatement les habitants, fit respecter leurs mœurs, leur religion, leurs propriétés, et s'occupa d'organiser la conquête.

Les débuts de l'expédition avaient été très heureux ; alors l'avenir fut entièrement compromis par le désastre d'Aboukir et la ruine de notre flotte. L'amiral Brueys n'avait pas cru pouvoir faire entrer ses vaisseaux dans le port d'Alexandrie, et était resté embossé dans la rade ouverte d'Aboukir; ses treize vaisseaux et ses quatre frégates en ligne, leur gauche appuyée à un îlot, au delà duquel se trouvait une petite passe, jugée impraticable. Il attendait, dans cette situation, les nouvelles du Caire, lorsque la flotte de Nelson, comprenant quatorze vaisseaux et trois frégates arriva en vue. La journée était déjà avancée; Brueys ne crut pas à une attaque immédiate et prit mollement ses mesures de combat. Il avait compté sans l'énergie de Nelson. Quoiqu'il fût six heures du soir, l'amiral anglais donna à sa flotte l'ordre d'attaquer l'aile gauche et le centre de nos vaisseaux, en utilisant la petite passe pour tourner notre gauche et la prendre entre deux feux. Sa manœuvre ne réussit que trop. Huit de nos vaisseaux eurent à lutter contre treize vaisseaux anglais; et, quoiqu'ils fussent surpris, mal préparés, ils soutinrent le combat avec un acharnement des plus glorieux. L'amiral Brueys fut tué, son vaisseau prit feu et sauta; d'autres vaisseaux coulèrent bas, ou furent mis hors de combat.

De son côté, la flotte anglaise avait été très éprouvée; plusieurs de ses vaisseaux étaient hors de combat. Rien n'aurait été perdu, si l'amiral Villeneuve, qui commandait notre aile droite composée de cinq excellents vaisseaux, avait eu l'initiative de se rabattre pendant le combat sur les bâtiments anglais. Il resta immobile, attendant des ordres; on dit même que le signal d'intervenir lui fut donné, et que la fumée ne permit pas de le voir. Croyant la bataille perdue, Villeneuve appareilla, et se réfugia à Malte, avec la moitié de son aile; l'autre moitié se jeta à la côte sans se battre.

La lutte des vaisseaux engagés dura toute la nuit, et se prolongea même dans la matinée du 2 août. Nos officiers, nos équipages se sont conduits avec une vaillance sans pareille, et ont sauvé l'honneur de notre pavillon. Mais que dire de l'imprévoyance, de l'inertie du haut commandement? Quelle tristesse de penser que nous avons donné aux Anglais l'occasion de montrer, une nouvelle fois, ce que peut, dans la bataille, sur mer comme sur terre, une volonté ferme, énergique, bien décidée à attaquer coûte que coûte!

Après ce désastre, les Anglais devenaient maîtres absolus de la Méditerranée; nos communications avec la France étaient interceptées; nous étions enfermés dans notre conquête.

Napoléon ne manifesta aucun trouble après

ces tragiques événements. Il recueillit les débris de nos équipages, et les incorpora dans son armée; il continua à s'occuper activement de l'administration de l'Égypte, fondant un institut, créant des manufactures, faisant procéder à l'exploration scientifique de la contrée, organisant la défense des Bouches du Nil. Son lieutenant, Desaix, faisait merveille dans la Haute-Égypte, battant l'armée de Mourad dans plusieurs rencontres; et après l'avoir dispersée définitivement, se consacrant, lui aussi, à l'administration du pays conquis.

L'hiver de 1798 se poursuivait au milieu de ces travaux, lorsqu'on apprit la formation de deux armées turques, destinées à agir contre nos troupes, en partant l'une de Rhodes par la mer, l'autre de Damas par la Syrie.

Dans cette circonstance, Napoléon agit comme il le fit toujours en pareil cas, au cours de sa carrière : convaincu qu'il ne tarderait pas à être attaqué, il activa ses préparatifs pour devancer ses adversaires, les attaquer lui-même, et porter la guerre chez eux. Dès le commencement de février, il était en route avec 13 000 hommes, traversa le désert, s'empara de Jaffa qu'il livra au pillage, après en avoir exterminé les défenseurs, et arriva devant Saint-Jean-d'Acre.

La garnison comprenait 6 000 Turcs. Assistée de l'escadre anglaise commandée par Sidney-Smith, elle était abondamment pourvue en vivres, en matériel, en canons, et possédait pour organiser, diriger les travaux du siège, deux excellents ingénieurs français, Tromelin et Phélippaux. Ce dernier avait été le camarade de Napoléon à l'École militaire; il fut l'âme de la défense de Saint-Jean-d'Acre, organisant les travaux des remparts, des contre-approches, des contre-mines, la défense des brèches, avec un talent, une activité extraordinaires; et contribuant dans une large mesure à faire échec à son ancien condisciple, qu'il avait toujours détesté cordialement, depuis l'école.

Malgré la pénurie de son artillerie, et de ses moyens d'attaque, Napoléon fit activer les travaux du siège et livrer deux assauts. Lorsque l'armée de Damas s'approcha pour secourir la place, Kléber fut envoyé au-devant d'elle avec 2 000 hommes. La rencontre eut lieu, le 16 avril, près du mont Thabor; enveloppé par des forces très supérieures, Kléber se défendait comme un lion, et se trouvait en mauvaise posture, quand Napoléon intervint avec 3 000 hommes et mit les Turcs en déroute.

Ce jour-là, quand Napoléon déboucha près du

champ de bataille, il aperçut, au milieu de nos troupes entourées de toutes parts, Kléber dominant ses soldats de sa haute taille et les encourageant à la défense : « Personne n'est beau au feu comme Kléber », s'écria Napoléon enthousiasmé ; puis, quand après l'avoir délivré il le rencontra sur le champ de bataille, il lui ouvrit les bras. Kléber l'embrassa avec effusion en lui disant : « Général, vous êtes grand comme le monde. »

Le siège de Saint-Jean-d'Acre fut poursuivi ; mais incessamment renforcée, la garnison sut repousser toutes nos attaques, malgré la valeur de nos troupes, de nos officiers. Napoléon finit par renoncer au siège et ramener ses troupes en Égypte. C'était la fin de ses grands rêves orientaux : sans Saint-Jean-d'Acre, il aurait conquis la Syrie, complété son armée par des auxiliaires, poussé jusqu'aux Indes ; et alors, qui sait ? entouré d'une auréole de gloire prodigieuse, on l'aurait vu rentrer en France, en conquérant, par Constantinople et toute l'Europe. C'étaient bien là ses intentions ; il l'a dit lui-même plus tard.

L'autre armée turque, venant de Rhodes, ne tarda pas à débarquer à Aboukir et à s'y retrancher. Elle était forte de 18 000 hommes. Napoléon marcha sur elle, du Caire, avec 6 000 hommes, enleva d'assaut les retranchements et précipita les

Turcs à la mer. Aussitôt après cette brillante victoire, sur les nouvelles de l'anarchie qui régnait en France, il se décida à quitter l'Égypte, en laissant le commandement suprême de l'expédition à Kléber, 22 août 1799.

Il partit, emmenant avec lui, sur deux frégates, et deux transports, Berthier, Lannes, Murat... et son escadron des guides ; donnant l'ordre d'éviter la haute mer au début, et de longer la côte d'Afrique, pour pouvoir débarquer au besoin et se rendre à Tunis par terre. Et cette manière de faire, qui lui avait si bien réussi pour l'arrivée à Alexandrie, lui porta bonheur aussi pour le retour. Embarqué le 24 août, il resta en mer pendant plus d'un mois, sans rencontrer d'Anglais, et débarqua à Ajaccio le 30 septembre. Il remit à la voile, le 7 octobre, et jeta l'ancre dans le golfe de Fréjus le 9. Le 16, il était à Paris.

La nouvelle de la victoire d'Aboukir était arrivée en même temps que celle de son retour. L'enthousiasme fut général. La France, si attristée par la mauvaise tournure des guerres qu'elle avait à soutenir sur toutes ses frontières, se livra à la joie, à l'espérance. On avait foi dans le jeune général, qui avait donné tant de gloires au pays ; on oublia qu'il y avait eu, à côté des brillants faits d'armes d'Alexandrie, des Pyramides, d'Aboukir..., un autre Aboukir, dans lequel notre flotte de la Méditerranée avait été détruite ; et que le plus clair de l'expédition d'Égypte était de donner la suprématie incontestable de la Méditerranée à l'Angleterre.

On ne voulut pas voir, qu'en rentrant en France Napoléon avait abandonné ses troupes dans une situation des plus précaires, qu'il avait laissé à son lieutenant Kléber une mission sans issue. Tout disparut devant le désir de mettre fin à l'anarchie, dans laquelle le Directoire avait plongé le pays, et d'utiliser les talents et la brillante renommée du vainqueur de l'Italie, du conquérant de l'Égypte pour calmer l'inquiétude qui pesait sur tous les esprits.

A l'intérieur, la situation était aussi mauvaise qu'à l'extérieur. La persécution religieuse continuait. L'insécurité était partout. Le brigandage empêchait les transactions. Le Midi était en proie à des troubles révolutionnaires ; l'Ouest à des troubles monarchiques. Partout, l'administration était relâchée, dépravée. Le grand commerce et l'industrie s'étiolaient ; et malgré l'état relativement prospère de la petite propriété rurale, la France se ruinait. La corruption des mœurs était très grande, surtout à Paris.

Il régnait dans tout le pays un sentiment

d'écœurement profond, non pas contre la République, mais contre le régime du moment, contre
le Directoire; en même temps, l'esprit public
était préparé à l'intervention de l'armée dans la
politique. Depuis la fin de la Terreur, la Révolution était allée de coup d'état en coup d'état; on
ne croyait plus à la légalité; on trouvait tout
naturel que l'armée intervînt pour obtenir la
modification gouvernementale désirée, attendue
par tous. La France était mûre pour une reconstitution nationale; elle attendait, non pas un
maître, mais un chef. Elle eut les deux. M. Albert
Vandal, de l'Académie française, s'est fait l'historien autorisé, impartial, de cette période dans
son œuvre magistrale l'*Avènement de Bonaparte*,
à laquelle sont empruntés la plupart des détails
qui vont suivre.

CHAPITRE III

18 BRUMAIRE. — LE CONSULAT

Napoléon Bonaparte premier consul. ‖ « Paix intérieure, activité extérieure ». ‖ Démarches a l'étranger en faveur de la paix. ‖ L'hostilité de l'Angleterre et de l'Autriche. ‖ La guerre recommence. ‖ Le passage des Alpes. ‖ Stradella. ‖ Bataille de Marengo. ‖ La paix de Lunéville. ‖ Popularité du premier consul. ‖ Réorganisation intérieure. ‖ Complots et attentats. ‖ L'Angleterre veut la guerre. ‖ La Constitution impériale est votée.

« A son retour d'Égypte — a écrit son valet de chambre Constant — Napoléon était fort maigre, très jaune, le teint cuivré, les yeux assez enfoncés ; les formes parfaites, quoiqu'un peu grêles alors.. Le portrait qu'en a fait M. Horace Vernet dans son tableau « une revue du premier Consul sur la place du Carrousel » est très ressemblant. Son front était très élevé et découvert ; il avait peu de cheveux [1] ; surtout sur les tempes,

1. D'après M. Frédéric Masson, ses cheveux étaient non pas noirs, mais châtains. Il les a portés longs en 1794, en Italie ;

mais ils étaient très fins et très doux ; il les avait châtains ; et ses yeux d'un beau bleu, peignaient d'une manière incroyable les diverses émotions dont il était agité, tantôt extrêmement doux et caressants, tantôt sévères et même durs. Sa bouche était très belle, les lèvres égales et un peu serrées, particulièrement dans la mauvaise humeur. Ses dents, sans être rangées régulièrement, étaient très blanches et très bonnes ; jamais il ne s'en est plaint. Son nez de forme grecque était irréprochable. L'ensemble de la figure était régulièment pur.

« La tête était très forte, ayant vingt-deux pouces de circonférence ; elle était un peu plus longue que large, par conséquent un peu aplatie sur les tempes... les oreilles étaient petites, parfaitement faites et bien placées....

« Sa taille était de cinq pieds, deux pouces, trois lignes. Il avait le cou un peu court, les épaules effacées, la poitrine large ; la cuisse et la jambe moulées ; son pied était petit ; ses bras bien faits et bien attachés ; ses mains étaient admirables, et les ongles ne les déparaient pas ; aussi en avait-il le plus grand soin, comme du reste de toute sa personne, mais sans afféterie. Il se

plus courts en Égypte ; à partir du Consulat, il est devenu « le tondu » ; à la fin de l'Empire son front s'est dénudé, et pour conserver sa mèche, légendaire, il est obligé de « ramener » de loin.

rongeait souvent les ongles, mais légèrement; c'était signe d'impatience, de préoccupation.... »

En rentrant à Paris sans bruit, le 24 vendémiaire, 16 octobre, Napoléon s'installa dans sa maison de la rue de la Victoire, ou Joséphine vint le rejoindre. Après avoir fait sa visite officielle au Directoire, il se consacra à la politique, à l'ambition; étudiant la situation des partis, hésitant entre les Jacobins de Barras, l'un des membres du Directoire, et les néo-modérés de Sieyès, un autre directeur; bien décidé à intervenir pour donner à la France un gouvernement fort, réparateur, reconstituant, dont bien entendu il ferait partie.

Il s'entendit avec Sieyès pour organiser, à l'aide d'une grande partie du Parlement, un coup d'état auquel l'armée assisterait, plutôt qu'elle n'aurait à intervenir.

Le complot fut sur pied dans les premiers jours de brumaire. Il devait consister à agir constitutionnellement; à obtenir le premier jour, par le Conseil des anciens, la nomination du général Bonaparte au commandement supérieur des troupes de Paris, et le transfert du Parlement à Saint-Cloud. Ces mesures seraient appuyées par deux directeurs, Sieyès et Ducos. Le second jour, à Saint-Cloud, sous la pression des troupes, on ferait voter par les deux conseils un change-

ment de régime, ou tout au moins un gouvernement provisoire composé de deux ou trois consuls.

Sieyès et Napoléon se mirent à l'œuvre ; le premier s'occupant du Parlement, le second de
l'armée : L'infanterie était hésitante ; Moreau et
Bernadotte avaient de l'influence sur elle, mais ce
dernier se dérobait. La cavalerie paraissait en
bonne disposition. Quant aux grenadiers qui gar-
daient le Directoire et le Parlement, on connaissait mal leur opinion ; mais au besoin, on les
materait avec les autres troupes.

Bientôt, on sentit qu'il était temps d'agir.
L'opinion publique s'inquiétait, il se produisait
des défaillances. La date du 18 brumaire fut
fixée, sur la demande de Napoléon.

Le 15, il y eut à Saint-Sulpice, un grand banquet offert par le Parlement aux deux généraux
Bonaparte et Moreau. Le 16 et le 17, achèvement
des préparatifs. Les officiers furent avertis que
Napoléon les recevrait, chez lui, le 18 brumaire,
à six heures du matin, « avant de partir en
voyage ». Les généraux Moreau, Macdonald...,
Lefebvre qui commandait la division de Paris,
furent invités à se trouver rue de la Victoire, dès
le lever du jour.

Le 18 brumaire, avant le jour, la rue de la
Victoire s'emplit d'officiers de toutes armes accou-

rant au rendez-vous. Les généraux Moreau, Macdonald, Beurnonville... étaient à cheval. Le général Lefebvre, qui avait, vis-à-vis du gouvernement, comme commandant de la division, la responsabilité de l'emploi des troupes de Paris, était là aussi, inquiet, étonné ; mais Napoléon le reçut, lui parla des dangers de la République en proie aux avocats, l'émut en lui remettant le sabre qu'il portait en Égypte. Alors le brave Alsacien, sacrant, pleurant à la fois, s'écria qu'il « chetterait tous ces poucres d'avocats à la rivière » ; et s'attacha à Napoléon qu'il ne quitta plus et auquel sa présence donna toute l'apparence de la légalité.

Pendant ce temps, et pendant que des régiments, les dragons commandés par Sébastiani en tête, s'installaient dans la rue de la Victoire et aux alentours, le conseil des Anciens s'était réuni, avait voté le transfert du Parlement à Saint-Cloud, la nomination du général Bonaparte au commandement des troupes, et la motion que le général serait invité à se présenter immédiatement devant l'Assemblée. Des représentants furent envoyés rue de la Victoire pour communiquer ces décisions.

Aussitôt, après avoir donné des instructions pour faire maintenir l'ordre dans la rue par la garde nationale, Napoléon paraît dans la rue, en

tenue de général, coiffé de son chapeau déjà
légendaire. Il est accompagné de Lefebvre, et en
quelques mots demande aux officiers de l'aider à
sauver la République. Puis il monte à cheval, et
suivi d'un nombreux, brillant cortège, précédant
des troupes de cavalerie commandées par Murat,
il se rend aux Tuileries par le boulevard de la
Madeleine, la place de la Concorde, et la grande
allée des Tuileries. Lorsqu'il entre dans la salle
des séances du conseil des Anciens, ayant derrière lui un état-major de généraux, il est
accueilli en silence par les représentants, assis,
drapés dans leurs toges rouges. Il prend aussitôt
la parole et adresse au conseil une allocution qui
se termine par : « nous voulons une république
fondée sur la liberté, sur l'égalité, sur les principes sacrés de la représentation nationale. Nous
l'aurons. » — « Nous le jurons », répètent les
militaires qui l'entourent. Et la séance est levée
aux cris de « vive la République ». Sieyès et Ducos
étaient là. Les autres directeurs avaient voulu se
réunir, mais Barras s'était abstenu, et avait
dépêché son secrétaire à Napoléon.

Napoléon sortait du conseil quand ce secrétaire
se présenta à lui. Il l'interpella aussitôt, et
devant la foule lui adressa la fameuse apostrophe :
« Qu'avez-vous fait de cette France que j'avais

laissée si brillante? Je vous ai laissé la paix, je retrouve la guerre. Je vous ai laissé des millions d'Italie; j'ai retrouvé partout des lois spoliatrices et la misère! qu'avez-vous fait des cent mille Français que je commandais? Ils sont morts... » Et il termina en déclarant qu'il voulait la république morale, tolérante; puis, se tournant vers les soldats il leur dit qu'il ne connaissait pas de gens plus patriotes que « les braves mutilés au service de la patrie ». Une acclamation immense répondit à ces paroles. Il monta alors à cheval et passa la revue des troupes sous les vivats formidables des soldats, pendant que la foule, grisée par ce spectacle, applaudissait à cette révolution si brillamment commencée.

Dans l'autre enceinte du Parlement, aux Cinq-Cents, la séance s'annonçait houleuse. Le président, le frère de Napoléon, Lucien Bonaparte, se borna à lire le décret de transfert à Saint-Cloud. et leva la séance.... Napoléon resta une partie de la journée et de la soirée aux Tuileries, pour donner des ordres aux troupes, avertir les habitants, et assister aux préparatifs de la deuxième journée. Il rentra très tard rue de la Victoire, par une nuit morne, pluvieuse, et se coucha ses pistolets chargés près de lui. Il avait appris que les Jacobins avaient été froissés par son ton dominateur, césarien. Les directeurs opposants n'étaient plus à craindre. Deux d'entre eux étaient gardés au Luxembourg par le général Moreau. Barras avait donné sa démission, et avait quitté Paris.

Le 19, le temps s'était remis. Les rues de Paris furent traversées par les troupes se rendant à Saint-Cloud en tenue de campagne. Les grenadiers du Corps Législatif s'installèrent dans l'intérieur du palais; les dragons et une partie de l'infanterie dans l'avant-cour; les autres troupes dans l'avenue et les abords du château.

Napoléon arriva en voiture, escorté par un détachement de cavalerie; il visita les troupes, parla aux généraux, pendant que les conseils s'installaient.

La salle des Cinq-Cents ne fut prête qu'à une heure. Immédiatement, la séance devint tumultueuse; on cria : « à bas le dictateur! les baïonnettes ne nous effraient pas. La Constitution ou la mort! » et l'on décida que les députés étaient appelés à prêter serment. L'opération commença immédiatement et dura jusqu'à quatre heures.

Pendant ce temps, aux Anciens, on s'installe; on écoute une lettre du secrétaire du gouvernement, annonçant que le Directoire n'existe plus, quatre de ses membres ayant donné leur démission. La discussion s'engage sur cet événement; elle s'échauffe, et prend une tournure aigre, jacobine. Là encore, le coup d'état était en mauvaise posture ; et il est probable qu'il aurait échoué sans l'intervention de Napoléon.

Il s'impatientait, auprès de Sieyès, dans les appartements du premier étage. Vers quatre heures, il se décide à intervenir, et suivi par ses aides de camp, se rend aux Anciens pour les encourager, les entraîner. Son discours est haché, diffus, gêné, et porte d'autant moins qu'il finit en s'adressant aux grenadiers du poste accourus vers l'entrée. Il sort, laissant le conseil dans le plus grand trouble, et se porte vers les Cinq-Cents.

Dès son entrée, il est accueilli par les cris : « à bas le dictateur ! à bas le tyran ! hors la loi ! » Il est entouré près de la tribune, saisi, bousculé, dans une scène de basse et confuse brutalité. Murat, Lefebvre, Gardanne se précipitent avec les soldats pour le dégager ; et l'entraînent au premier étage, pâle, les traits bouleversés, presque évanoui. Dès qu'il est remis, il court aux fenêtres du palais, crie « aux armes », et descend pour se montrer aux troupes de la ligne qui l'acclament.

Il était cinq heures, la nuit arrivait. Il fallait en finir. Alors, Napoléon a l'idée géniale de faire intervenir le président des Cinq-Cents, son frère

Lucien, au milieu de la troupe. Il le fait chercher dans la salle des séances par un capitaine et deux grenadiers, au moment même où, hué par l'Assemblée, Lucien venait de déposer sa toge « en signe de deuil sur la tribune de l'Assemblée ». Lucien se laisse entraîner au dehors par les soldats, aux cris de « vive la République »; et aussitôt, monte sur un cheval de dragon pour haranguer les grenadiers encore indécis; il leur déclare qu'il faut délivrer le Conseil des Cinq-Cents « terrorisé par une poignée d'assassins »; Napoléon fait battre les tambours; Murat se précipite dans l'enceinte des Cinq-Cents à la tête des grenadiers, et les excite en criant : « f....-moi tout ce monde-là dehors! » Les baïonnettes sont croisées; et la masse rouge des représentants s'échappe par les issues, pendant que la salle est occupée militairement.

La partie est gagnée. Les Anciens votent la nomination de trois consuls provisoires : Bonaparte, Sieyès, Ducos. Lucien qui a réuni une partie des Cinq-Cents fait ratifier cette décision. Les consuls prêtent serment devant les deux assemblées, à deux heures du matin. Napoléon rentre à Paris, rue de la Victoire.

Le lendemain, pendant que Paris est en liesse, et s'illumine dans la soirée, il s'installe au Luxembourg, et commence aussitôt à s'occuper activement de l'élaboration de la nouvelle constitution. Après bien des tiraillements, grâce à sa persistance le projet est enfin mis sur pied : Il est nommé premier consul pour dix ans; Cambacérès et Lebrun sont consuls. Sieyès est chargé de présider à la nomination de la majorité des sénateurs. Le Sénat, le Tribunat, le Conseil d'État sont créés. L'ensemble de la constitution est soumis au vote du peuple et de l'armée.

Dès le 4 nivôse, an VIII — 25 décembre 1799 — Napoléon se proclame premier consul[1]. Il avait trente ans et quatre mois. Il se met immédiatement à l'œuvre pour réaliser sa grande idée d'asseoir son gouvernement en fondant la paix à l'intérieur, la paix des partis, la paix des consciences, la paix des intérêts, et en créant un esprit véritablement national par l'activité extérieur.

Il recevait beaucoup de monde au Luxembourg, soit à déjeuner, soit en tenant cercle le soir dans le salon de Joséphine. Quand il paraissait en public il affectait le plus grand calme, ne se montrant offensé que par les louanges. Sa popularité grandit chaque jour, surtout parmi la

1. Le nombre des voix ayant ratifié la constitution de l'an VIII ne fut exactement connu que plus tard : plus de 3 millions de voix l'avaient acceptée; il n'y eut que 1562 opposants.

classe ouvrière ; il l'augmenta encore en éloignant de Paris presque toute sa garnison pour anéantir la chouannerie, et en déclarant qu'il se fiait au peuple de Paris. Il se gagna les masses profondes du peuple, non seulement à Paris, mais jusqu'au fond des provinces. Partout déjà les populations le surnommaient avec une familiarité attendrie : « le petit caporal ».

Quand il recevait, sa parole était pittoresque et crue, abondait en saillies originales, ou en expressions saisissantes. On le voyait plus souvent debout et marchant qu'assis. Il avait le geste vif, animé, parfois heurté ; assez souvent son épaule droite se relevait par un mouvement involontaire, signe d'émotion. Il soignait beaucoup sa personne, mais portait des habits civils, négligés : son frac vert olive était passablement usé. Pour sortir, il endossait une redingote de drap gris, dont il croisait frileusement les revers sur sa poitrine.

Le second consul, Cambacérès, qui le voyait tous les jours et vivait à ses côtés, lui trouvait « beaucoup d'esprit, une grande fierté, un amour-propre extrême.... Il voulait être ou paraître savant, et ne manquait jamais une occasion de s'instruire.... On lui voyait des indulgences et des facilités, des colères terribles qu'il regrettait ensuite ; une impétuosité contenue, une ambition qui s'armait de finesse et allait doucement au but : au fond l'intime conviction qu'hommes et choses devaient tôt ou tard céder à sa volonté ; par-dessus tout une avidité de gloire, le brûlant désir de porter jusqu'aux extrémités de l'avenir le retentissement de son nom ».

Tout en poursuivant activement la pacification de l'Ouest, le premier consul songea à s'installer aux Tuileries, d'une façon plus conforme au prestige qu'il voulait donner au gouvernement. Le transfert eut lieu, en grand cortège, le 30 pluviôse. Après la cérémonie, Napoléon parcourut les Tuileries avec son secrétaire Bourrienne, et lui dit : « Eh bien, Bourrienne, nous voilà donc dans les Tuileries... maintenant, il faut y rester.... »

Dès qu'il fut installé, il organisa méthodiquement son grand labeur : sauf le décadi, consacré au repos, chaque jour, chaque heure eut sa tâche bien définie. Sa puissance de travail, sa facilité d'assimilation, la rapidité et la sûreté de son jugement, lui permirent d'accomplir des prodiges pour apaiser, relever, reconstituer notre pays, dans cette période mémorable du Consulat, une des plus fécondes, des plus utiles de notre histoire.

Il travaillait non seulement avec les consuls, avec les ministres, mais encore avec le Conseil d'État, qu'il avait installé près de lui aux Tuileries, et qui fut son grand organe de reconstitution.

C'est de cette époque que datent la création des préfets, des conseils généraux; notre organisation judiciaire actuelle; l'administration de Paris, répartie entre le préfet de la Seine et le préfet de police.... Les premières tournées des préfets firent ressortir combien le pays avait besoin d'être administré : les routes étaient dégradées; l'industrie en transformation; les hôpitaux mal tenus; l'impôt perçu arbitrairement.... Et, par-dessus tout, l'esprit militaire était en décadence, sauf dans l'Est; partout ailleurs, il y avait de nombreux réfractaires. Napoléon s'empressa de réagir à cet égard par une proclamation chaudement patriotique.

Paris se sentit renaître. On revit le bal de l'Opéra, les promenades de Longchamp et le défilé traditionnel des voitures et des modes de la saison....

Les réceptions des Tuileries attiraient beaucoup de monde, mais un monde bien mêlé, où il y avait même des acteurs. Les revues de quintidi, passées par le premier consul dans la cour des Tuileries, étaient très goûtées du public, et entretenaient l'esprit militaire dans la population de la capitale.

En même temps, des mesures aussi habiles

qu'énergiques étaient prises pour pacifier l'Ouest;
et elles réussissaient à terminer la guerre civile
qui avait pendant si longtemps désolé cette
contrée.

L'opinion publique ne se trompa pas; elle
attribua nettement l'ensemble de ces mesures, si
utiles au pays, à la sagesse, à la fermeté du premier consul.

*
* *

La première partie de son programme : asseoir
son gouvernement sur la paix intérieure, était
remplie; il n'y avait plus qu'à la perfectionner.
Il ne tarda pas à être obligé de s'occuper de la
deuxième partie : créer un esprit national par
l'activité extérieure.

Il avait voulu, au début de son pouvoir, déve-
lopper cette activité extérieure dans la paix. Il
avait compris que la nation était lasse de la
guerre, et qu'elle souhaitait ardemment la paix à
l'extérieur, comme à l'intérieur. Pour atteindre
ce résultat, de nombreuses démarches furent
faites auprès des souverains étrangers. Napoléon
écrivit lui-même au roi d'Angleterre, pour lui
montrer son désir sincère de conclure la paix.
« La France et l'Angleterre, disait-il en terminant,

peuvent longtemps encore abuser de leurs forces ; mais le sort de toutes les nations civilisées est attaché à la fin d'une guerre qui embrase le le monde entier. »

Il écrivit une lettre analogue, des plus dignes, des plus nettes, à l'empereur d'Autriche. Vis-à-vis du tsar, il prit une mesure qui amena une grande détente dans nos relations avec la Russie : le renvoi sans échange de 9 000 prisonniers russes. Paul Ier, vivement touché, rappela aussitôt toutes ses troupes d'Allemagne.

Au contraire, le gouvernement anglais ne répondit que par des sentiments de haine à la démarche du premier consul, déclarant que la seule mesure qui pût rassurer l'Europe, au sujet de la France, était « le rétablissement de l'ancienne dynastie ». Quant à l'Autriche, elle répondit en commençant les hostilités.

Napoléon fit publier les démarches qu'il avait faites, pour la paix. Le pays lui sut gré de ses efforts. Et la guerre devint populaire, nationale. Les préparatifs furent poussés partout en France avec ardeur, avec entrain.

Au printemps 1800, l'Autriche avait sur pied deux grandes armées de 120 000 hommes ; l'une, commandée par Mélas, devait achever de nous chasser de l'Italie, et nous envahir par le

Var et la Provence ; l'autre, en Allemage, devait empêcher nos progrès au delà du Rhin, et se relier par le Vorarlberg et les Grisons avec l'armée offensive de Mélas.

Le premier consul opposa Masséna, avec une quarantaine de mille hommes à Mélas ; Moreau avec 100 000 hommes, à l'armée d'Allemagne, avec la mission d'en déborder la gauche, pour dégager les Alpes. Il voulut d'abord rejoindre de sa personne l'armée de Moreau ; mais il comprit bien vite qu'il en résulterait des difficultés, des froissements, et se consacra à la préparation de « l'armée de réserve », qu'il fit organiser en secret aux pieds des Alpes, et qu'il destina à faire irruption en Italie, par les Alpes, sur les derrières des troupes de Mélas, lorsqu'elles seraient absorbées par la lutte contre Masséna.

Le 14 floréal, il fit annoncer son départ pour Dijon et Genève à l'effet « de passer la revue de l'armée de réserve, d'activer ses mouvements, et de mettre de l'accord dans les opérations des diverses armées ». Il partit, en effet, le lendemain en chaise de poste à deux heures du matin ; et dès son arrivée parcourut les troupes qui l'acclamèrent. Il portait l'habit bleu de consul, et avait au côté son épée d'Italie et d'Égypte.

L'armée de réserve, dont il allait se servir, pour

exécuter l'opération décisive de cette guerre, l'irruption sur les derrières de Mélas, était loin d'avoir la cohésion de la superbe armée du Rhin, poussée à ce moment en avant par le général Moreau. Les cadres, les officiers se valaient dans les deux armées; mais dans l'armée de réserve, il y avait beaucoup de jeunes soldats inexpérimentés, sachant à peine charger leurs armes, n'ayant jamais tiré un coup de fusil, et comptant dans leurs rangs beaucoup de malingres. Malgré cela, le moral était excellent. L'esprit patriotique, la confiance absolue dans l'étoile du premier consul, régnaient dans cette armée, comme dans toute la nation; comme à Paris, où, par un printemps délicieux, sous le gouvernement intérimaire de Cambacérès, on attendait les nouvelles sans anxiété. Et cependant, on sentait que de grands événements intérieurs sortiraient de cette guerre. Le succès consoliderait le pouvoir consulaire; l'insuccès ne tarderait pas à l'ébranler. Napoléon le sentait aussi. Il n'en mit pas moins autant de sérénité que d'énergie, à exécuter son admirable plan de campagne, dont la réalisation ne laissa pas que de présenter, dans la dernière journée surtout, d'énormes difficultés et de mettre bien en relief tout un côté des hautes qualités morales de Napoléon.

Il est possible actuellement de suivre pas à pas,

heure par heure, le rôle de Napoléon dans cette campagne, grâce aux publications récentes de la section historique de l'état-major de notre armée, qui sont basées sur tous les documents officiels, français et autrichiens, relatifs à ces événements. En outre, l'officier chargé de ces publications, le commandant de Cugnac, a eu l'heureuse idée de condenser son œuvre, d'insister sur les points discutés, de donner son avis sur les principaux événements dans un excellent livre intitulé : *la Campagne de Marengo.*

Chacun peut, grâce à ces publications, se faire une idée exacte des difficultés immenses qu'a eues à vaincre le premier consul pour mettre en mouvement à temps, l'armée de réserve; du passage des Alpes par cinq cols différents, — le premier consul, passant lui-même par le Grand Saint-Bernard, non pas, comme l'a représenté David, sur un cheval fougueux, se cabrant au-dessus de l'abîme, mais à dos de mulet escorté par le guide Dorsay; — de la résistance inattendue du fort de Bard; des premiers combats, de la marche sur Milan, du passage du Pô; du combat de Montebello qui assura l'occupation de l'importante position de Stradella.

Le premier consul attendit quelques jours, espérant être attaqué par les Autrichiens dans cette position de Stradella, qui lui aurait permis de braver leur supériorité numérique écrasante en cavalerie, et surtout en artillerie : il n'avait que 24 canons à opposer aux 200 canons autrichiens. Mais il ne put recueillir aucun renseignement précis sur les mouvements de l'armée ennemie, qu'il savait être derrière la Bormida vers Alexandrie. Il eut peur de la voir s'échapper vers le Nord ou le Sud, et se décida à descendre dans la plaine de Marengo.

Le 13 juin, l'armée française passa la Scrivia; refoula les détachements autrichiens derrière la Bormida; et bivouaqua en profondeur, son avant-garde contre la Bormida. Elle était flanquée, à une dizaine de kilomètres par deux divisions, l'une au Nord, l'autre au Sud. Le général Desaix, récemment arrivé d'Égypte marchait avec le détachement du Sud, la division Boudet.

Dans la matinée du 14, craignant de voir Mélas lui échapper, le premier consul fait porter l'ordre aux deux divisions des ailes de s'éloigner davantage. Une heure après le départ de cet ordre, les Autrichiens débouchent en masse des ponts de la Bormida. Vers onze heures, Napoléon se convainc qu'il a sur les bras toute l'armée de Mélas; il se dépêche d'envoyer contre-ordre aux deux divisions détachées, pour les rappeler au plus vite. La division Boudet, que conduit Desaix, est seule atteinte à temps par le nouvel ordre.

La bataille s'engage violemment près de Marengo, surprenant nos vaillantes troupes, qui résistent énergiquement, héroïquement, mais sont contraintes à reculer. A quatre heures du soir, après de merveilleux efforts, elles sont à plus de six kilomètres en arrière de leurs positions du matin, vers San-Guiliano; refoulées de toute part; en mauvaise posture devant l'armée autrichienne, qui s'avance victorieusement par la grande route, vers San-Guiliano, précédée par une forte avant-garde déployée sur deux lignes.

A ce moment, apparut Desaix, rappelé par l'ordre pressant du premier consul qui paraît avoir été rédigé ainsi : « Je croyais attaquer l'ennemi; il m'a prévenu. Revenez au nom de Dieu, si vous le pouvez encore. »

Dès qu'il eut pris les ordres de Napoléon, Desaix disposa ses troupes pour le combat, dans les vignes, à l'abri des vues de l'adversaire; pendant que Marmont canonnait la colonne ennemie avec les 18 canons qui nous restaient; pendant que Kellermann recevait l'ordre de porter sa grosse cavalerie de la gauche à la droite de Desaix, pour l'appuyer énergiquement.

Après vingt minutes de canonnade, Desaix porte sa division à l'attaque ; et suivant sa glorieuse habitude il marche avec les premières troupes. Il est tué raide d'une balle en plein cœur. Ses troupes ne s'aperçoivent pas de sa mort et continuent vaillamment le combat, contre l'avant-garde ennemie, déjà ébranlée par l'artillerie de Marmont. Tout à coup, avec un à-propos, une vigueur sans pareils, Kellermann jette sa cavalerie, environ 400 chevaux, sur le flanc des Autrichiens. Rien ne lui résiste ; plusieurs bataillons mettent bas les armes ; le commandant de l'avant-garde ennemie est fait prisonnier. La division Boudet profite énergiquement de cette circonstance pour se porter en avant, avec les autres divisions qui viennent à la rescousse. La panique se met dans l'avant-garde, dans la cavalerie, et bientôt dans toute l'armée autrichienne. La bataille perdue est regagnée par Napoléon ; sa brillante campagne se termine par un succès éclatant qui met fin à la guerre en Italie.

Tel est le récit fidèle de ce grand événement, au sujet duquel on a tant discuté ; et qu'il était difficile de rétablir exactement, parce que Napoléon lui-même a cru devoir en faire modifier la rédaction, pour éviter de mettre le public trop au courant de la surprise du début, de la perte de la bataille, et du miraculeux rétablissement des choses dans cette mémorable journée du 14 juin 1800.

Il était important pour bien apprécier le caractère de Napoléon, d'insister sur cette bataille, non seulement parce qu'elle a placé sur sa tête la couronne impériale; mais encore parce qu'elle a mis en relief sa hauteur d'âme dans un moment où il risquait toute sa carrière : Au soir de cette journée de luttes acharnées, sanglantes, après avoir été prévenu, surpris, battu par son adversaire, après avoir vu ses troupes refoulées, pressées de toutes parts par les colonnes ennemies victorieuses, il a su conserver assez de sang-froid, d'énergie, et de prestige, pour obtenir malgré la défaite, des efforts extraordinaires de ses lieutenants et de ses soldats; pour coordonner l'action des différentes armes; pour faire, à l'arrivée d'un renfort, recommencer la bataille que tout le monde croyait perdue; et pour arracher la victoire à son adversaire.

Ce Napoléon-là, qui a su faire tête à l'orage avec cette persévérance, cette fermeté, cette autorité admirables, ne paraît pas inférieur à celui que, pour des exigences de politique intérieure, pour des soucis de popularité, on a voulu représenter comme ayant tout prévu, ayant constamment réussi; ayant été guidé par la plus brillante des étoiles sous un ciel uniformément serein, dont il aurait chassé lui-même à l'avance tous les nuages.

* *

Napoléon se hâta de rentrer en France après Marengo. Il arriva aux Tuileries, le 13 messidor, (2 juillet), à deux heures du matin, n'ayant avec lui que Duroc et Bourrienne. La nouvelle fut bientôt connue dans tout Paris. Le canon tonna. Les faubourgs descendirent vers les Tuileries, et acclamèrent le premier consul, lorsqu'il se montra au balcon du palais. Ce fut une ovation inoubliable. La ville se pavoisa, s'illumina, au milieu de l'enthousiasme général. Deux jours après, lorsque le premier consul parut à la parade habituelle de quintidi, ce furent des acclamations sans fin. C'est là que le vit Charles Nodier : « Un jeune Mameluk ouvre la marche, écrit-il, puis viennent quatre aides de camp, couverts de broderies d'or. Derrière eux s'avance modestement un homme en habit gris, la tête penchée vers la terre, marchant sans éclat, sans prétention, c'est Bonaparte. Aucun de ses portraits n'est ressemblant.... Il a le visage très long, le teint d'un gris de pierre, les yeux enfoncés, fort grands, fixes et brillants comme du cristal ; il a l'air triste, affaissé,

UNE REVUE DU PREMIER CONSUL SUR LA PLACE DU CARROUSEL,
par Horace Vernet. (Collection de S. M. l'Empereur de Russie.)

Photo. Braun, Clément et Cⁱᵉ.

et il soupire de temps en temps…. Il monte un cheval blanc, dont le harnachement très riche fait encore ressortir la simplicité de son costume…. »

Jamais à aucune époque, l'allégresse publique ne fut aussi spontanée, aussi profonde. La France avait une foi absolue dans le premier consul, elle attendait tout de lui ; elle se donna à lui sans arrière-pensée. Muni dorénavant d'un plein pouvoir, il se mit à la besogne pour réaliser, achever sa grande œuvre de reconstitution et de pacification nationales.

Il eut d'abord à terminer la guerre. Elle avait repris au commencement de novembre, en Allemagne, et fut marquée dès le 2 décembre 1800, par la belle victoire de Hohenlinden, remportée par Moreau sur les Autrichiens. Trois semaines après, effrayée par les progrès des Français vers Vienne, l'Autriche demanda un armistice. En Italie, les opérations se prolongèrent jusqu'au milieu de janvier 1801 ; et bientôt après, la guerre se termina par la paix de Lunéville.

L'Angleterre restait seule en armes ; et elle avait à lutter non seulement contre la France, mais contre la moitié de l'Europe, contre les neutres qui ne voulaient pas se soumettre à son droit de visite sur mer. C'est dans cette lutte qu'eut lieu la bataille navale de Copenhague, dans laquelle

Nelson renouvela son énergique mouvement d'Aboukir contre la flotte danoise.

La victoire des Anglais fut complétée par la mort du tsar Paul 1er, qui avait pris parti pour les neutres, et qui fut assassiné le 25 mars 1801. En même temps, notre expédition d'Égypte touchait à sa fin. Kléber avait succédé à Napoléon dans le commandement de l'expédition; mécontent d'être abandonné par son chef, il avait voulu négocier avec les Anglais pour faire ramener ses troupes en France; mais bientôt, froissé par les exigences de ses ennemis, il avait retrouvé son énergie, et rétabli les affaires par la belle victoire d'Héliopolis, lorsqu'il périt assassiné par un fanatique, le 14 juin 1800.

Menou succéda à Kléber, et rendit des services comme administrateur; mais comme homme de guerre, il perdit du temps, permit aux Anglais et aux Turcs de faire des progrès; et finalement signa une convention, d'après laquelle nos troupes furent ramenées en France sur des bâtiments anglais.

Néamoins, sous les charges imposées à la nation, sous les menaces de nos préparatifs de descente, la guerre était devenue impopulaire en Angleterre; des préliminaires de paix furent engagés, et aboutirent au traité d'Amiens, qui fut accueilli par le peuple anglais, avec une joie qui tenait de délire. On cria : « vive Bonaparte », sur les bords de la Tamise ; dans un banquet donné dans la cité, on but à la liberté, au bonheur de la République française : pendant qu'à Paris, dans une fête donnée pour la paix, le plénipotentiaire anglais s'étonnait, avec beaucoup de ses compatriotes, de trouver la France toute différente du tableau hideux qu'en traçaient les émigrés.

Ces grands événements extérieurs furent loin d'absorber toute l'activité de Napoléon. A l'intérieur, il fit merveille, à force d'intelligence, de jugement, de puissance de travail, d'esprit de décision pour parfaire la réorganisation, l'apaisement du pays. Rien n'échappait à sa surveillance, à son impulsion : les routes, les canaux, les ponts, l'industrie, le commerce.... Partout l'administration des préfets était contrôlée par des conseillers d'état envoyés régulièrement en tournée, pour voir sur place les difficultés soulevées par les nouvelles lois, par les nouveaux règlements. Quand il s'agissait de choses militaires, c'étaient des aides de camp que le premier consul envoyait aux armées, dans les ports de mer, et auxquels il donnait des instructions détaillées sur les objets ou les personnes qu'il voulait suivre de près.

Les finances étaient réorganisées ; la rentrée des

revenus bien surveillée, les rentes et pensions payées en numéraire; tout gaspillage évité, les créances arriérées liquidées. La Caisse d'amortissement, et la Banque de France étaient créées. Chacun des jours du premier consul était marqué par un progrès, par un travail utile à la reconstitution du pays.

Le plus grand de ces travaux, celui qui mit Napoléon hors de pair, fut la réforme du Code civil. Bien préparée, bien étudiée, cette belle réforme fut soumise définitivement aux délibérations du Conseil d'État. Le premier consul présidait les séances. « Il parlait, a écrit un membre de cette assemblée, sans apprêt, sans embarras, sans prétention, avec la liberté, et sur le ton d'une conversation qui s'animait naturellement. Il n'y fut jamais inférieur à aucun membre du conseil; il égala quelquefois les plus habiles d'entre eux par sa facilité à saisir le nœud des questions, par la justesse de ses idées, et la force de ses raisonnements; il les surpassa souvent par le tour de ses phrases et l'originalité de ses expressions. » Les travaux du Code civil durèrent trois ans. Il fut promulgué le 21 mars 1803.

En même temps, Napoléon s'occupait activement, personnellement, de rétablir la paix religieuse dans le pays, en activant les négociations entamées avec le pape pour le Concordat ; et la paix des partis, en étudiant les mesures de clémence qu'il pourrait prendre à l'égard des émigrés. La détente était générale ; tout s'organisait, se pacifiait à la fois, avec l'ensemble qu'un esprit vaste, élevé, peut mettre dans ses œuvres ; avec la rapidité que peut apporter une volonté ardente, ferme, ponctuellement obéie, et s'appuyant sur une puissance de travail inouïe.

Les fêtes publiques contribuèrent à rapprocher le passé du présent. Par ordre du premier consul, le cercueil de Turenne qui avait été arraché à Saint-Denis et relégué dans un musée, fut transporté en grande pompe aux Invalides, le jour de la fête de Vendémiaire ; cette cérémonie qui rappelait les gloires passées, produisit une impression profonde.

Pendant ce temps, dans ces merveilleuses années du Consulat, la France voyait se créer autour d'elle des républiques succursales : cisalpine, batave, ligurienne. Sa voisine la Suisse était en proie à des luttes interminables entre les unitaires et les fédéralistes ; la guerre civile y faisait des ravages cruels. Le premier consul intervint, fit occuper le pays par le général Ney à la tête de 20 000 hommes, réunit les députés suisses, à Paris, leur indiqua lui-même les bases d'une constitution capable de pacifier le pays, et leur fit accepter le fameux acte de médiation : œuvre de haute sagesse, une des plus utiles du Consulat, et des plus durables; car la constitution actuelle de la Suisse repose en grande partie sur cet acte mémorable.

Ce ne fut pas tout. L'activité prodigieuse du premier consul visa aussi notre puissance coloniale. Des missions furent envoyées dans le Levant, dans la Louisiane, dans l'Inde, pour faire revivre nos anciennes relations commerciales et les débris de nos colonies. En même temps, il essaya de faire rentrer Saint-Domingue révoltée, sous la domination de la France. Une forte expédition y fut envoyée sous le commandement du général Leclerc, son beau-frère. Elle réussit, au début, mais la fièvre jaune s'en mêla. Leclerc mourut. Son successeur Rochambeau, fut cerné par les noirs; obligé de capituler, il embarqua ses troupes et les fit prendre par les Anglais le 20 novembre 1803. — La paix d'Amiens avait été rompue.

Comment s'étonner qu'au milieu de tant de travaux pleins de grandeur et d'efficacité, de tant de préoccupations élevées, de tant de difficultés, les nerfs tendus à l'excès de Napoléon se soient trop vivement laissé impressionner par les complots, tramés contre lui, au moment même où il se consacrait tout entier au relèvement, à la grandeur de la France ! Les Jacobins et les royalistes complotaient dans l'ombre, à l'insu les uns des autres, pour frapper l'homme qui était venu s'opposer à leurs desseins. Le premier consul le savait ; et au début il craignait surtout les Jacobins. « Avec une compagnie de grenadiers, disait-il, je mettrais en fuite tout le faubourg Saint-Germain. Les Jacobins sont des gens déterminés qu'il n'est pas aussi facile de faire reculer. »

En effet, les premiers complots furent dirigés par les Jacobins ; mais ils échouèrent. Les assassins qui devaient tuer Napoléon à l'Opéra furent arrêtés, comme ceux qui avaient organisé, « la machine infernale ». Mais, le 3 nivôse (24 décembre 1800). Napoléon faillit sauter dans la rue Saint-Nicaise, en se rendant à l'Opéra. Le baril de poudre, préparé par les conjurés, éclata entre sa voiture et celle de Joséphine, tuant vingt personnes, en blessant cinquante. L'émotion fut indescriptible à l'Opéra, quand immédiatement après l'explosion, le premier consul parut dans sa loge, calme, rassurant son entourage.

Les assassins échappèrent. On sut plus tard que c'étaient des royalistes. Napoléon ne voulut pas le croire au début. « Il n'y a là dedans, disait-il au préfet de police, ni nobles, ni chouans, ni prêtres. Ce sont des septembriseurs, en complot permanent, en bataillon armé contre tous les gouvernements. Il faut en purger la République. »

De son côté, l'opinion publique réclamait aussi des mesures énergiques. Napoléon se laissa aller à son ressentiment. Cent trente individus, qualifiés de septembriseurs, furent déportés. Cinq autres furent condamnés à mort par une commission militaire, et exécutés. Un sénatus-consulte régularisa ces iniquités ; et le gouvernement se fit donner par une loi, le droit de créer, quand il le jugerait utile, des tribunaux spéciaux, et d'éloigner sans jugement les personnes suspectes. C'était l'arbitraire le plus complet, le plus effroyable.

Les idées de despotisme prirent, à ce moment-là, le dessus dans l'âme du premier consul. Le Sénat et le Tribunat, qui lui avaient fait quelque opposition, furent rabaissés, épurés. « La révolution, disait-il, est finie. Il faut réconcilier la France républicaine à la France monarchique. »

Et ce ne fut pas une simple boutade. C'est dans cet ordre d'idées qu'il fit définitivement adopter le Concordat, et qu'il assista solennellement, à Notre-Dame, à un *Te Deum* avec les consuls et toutes les autorités. C'est dans ce but élevé de réconciliation, qu'il fit rendre le sénatus-consulte amnistiant, sous certaines conditions, tous les émigrés, et qu'il fit rentrer en France plus de 100 000 proscrits. C'est sous la même impression, qu'il créa l'université dans un sens plus autoritaire que populaire ; et qu'il institua la Légion d'honneur, malgré une forte opposition des Chambres, qui y virent un commencement d'aristocratie. « C'est un commencement d'organisation de la nation, répliqua Napoléon. »

En même temps, il fit poser à la nation la question : « Bonaparte sera-t-il nommé consul à vie ? » Oui, répondit la nation, par 3 millions et demi de voix, contre 8 000 opposants.

Napoléon inspirait, à ce moment-là au peuple un culte qui ne s'effaça jamais. Il en a donné lui-même la raison à Sainte-Hélène : « Je n'avais d'autre ambition que la patrie, celle de sa gloire, de son ascendant, de sa majesté ; et voilà pourquoi en dépit de tant de malheurs, je reste si populaire pour les Français. »

* *
*

Bientôt la paix d'Amiens fut rompue. Elle ne pouvait être que de courte durée. En Angleterre, le parti de la guerre avait bien vite repris le dessus. Il n'avait pas eu de peine à montrer que la paix, dont le parti populaire s'était engoué au début, était un leurre et une cause de déchéance pour l'Angleterre; que la marine, la puissance coloniale de la France, grandissaient de jour en jour; que l'expédition de Saint-Domingue montrait clairement les intentions du premier consul à cet égard; et que le Ministère, qui avait toléré cette expédition, était coupable de haute trahison; que la concurrence des marines, du commerce des autres nations, favorisée par la France grâce à la paix d'Amiens, était une cause de ruine pour l'Angleterre; que partout en Europe, l'Angleterre trouvait la France devant elle, en Italie, en Allemagne, en Suisse; que la dictature de Bonaparte allait rendre la France plus menaçante, plus dangereuse que jamais;... que la guerre seule pouvait redonner à l'Angleterre sa puissance, son prestige.

Sous l'influence de ces récriminations, les relations entre les deux gouvernements ne tardèrent pas à se tendre. Le premier consul essaya de réagir, en intervenant personnellement auprès de l'ambassadeur d'Angleterre à Paris, lord Withworth; en lui montrant loyalement le fond même de sa pensée, et son désir très réel de maintenir la paix. Cette conversation est arrivée textuellement jusqu'à nous[1]; elle présente un intérêt de premier ordre :

Elle eut lieu aux Tuileries, le 18 février 1803. Napoléon rappela à lord Withworth les concessions qu'il avait faites au moment de la conclusion de la paix d'Amiens; ce qui n'avait pas empêché les Anglais d'user à son égard des plus mauvais procédés. Il insista sur le ton haineux de leurs journaux, sur les faveurs accordées aux émigrés, aux assassins, à tous ceux qui pouvaient entraver sa politique.... C'est une situation, dit-il, dont il faut sortir; et pour cela, il faut que l'Angleterre exécute les clauses du traité d'Amiens, qu'elle évacue Alexandrie et Malte. « J'aimerais mieux, ajouta-t-il, vous voir en possession des hauteurs de Montmartre que de Malte! »

Il continua en disant qu'il ne méditait aucune agression contre l'Angleterre, ni en Égypte, ni ailleurs, qu'il désirait la paix; que si la guerre devait avoir lieu, il voulait que la France sût bien qu'elle était due exclusivement à l'Angleterre; qu'il connaissait tous les dangers, toutes les difficultés de cette guerre, mais qu'il la ferait avec acharnement, si on l'y contraignait. « Je

1. Voir Thiers, *Histoire du Consulat et de l'Empire*, 3e volume.

risquerai la descente en Angleterre, dit-il en terminant; et si je réussis, vos arrière-neveux pleureront des larmes de sang. Mais je connais aussi toute la témérité de cette entreprise; je sais que j'y risquerais ma puissance, ma renommée; et c'est pourquoi je désire sincèrement la paix. Évacuez Malte. Songeons à nous unir plutôt qu'à nous combattre; tout sera possible dans le monde à la France et à l'Angleterre réunies. »

Ces paroles, pleines de sincérité, d'élévation, et aussi de sens prophétique, ne produisirent aucun effet en Angleterre. Les relations se tendirent de plus en plus entre les deux gouvernements. Il y eut des exagérations, des violences de langage, commises des deux parts; le premier consul se laissa aller, devant le corps diplomatique, à des menaces inadmissibles; mais il n'en est pas moins certain que c'est l'Angleterre qui a poussé à cette guerre. Elle l'a voulu avec acharnement, non seulement par haine contre le représentant de la Révolution, mais parce qu'elle y avait intérêt; parce que, certaine d'éviter l'invasion, la descente, grâce à sa flotte puissante et énergiquement commandée, elle avait tout à gagner à une lutte à outrance contre la France; parce qu'elle était sûre d'entraîner contre nous l'Europe entière, et de regagner sa grande influence sur le continent, tout en reprenant la suprématie incontestée sur mer, et en ruinant la concurrence commerciale des autres nations. C'est bien l'Angleterre qui a jeté le gant. Napoléon n'a fait que le relever.

Il l'a relevé de toute son énergie, de toute son ardeur pour la lutte. Mais c'est à contre-cœur qu'il a renoncé à ses idées si sages, si hautes, du relèvement de la France par la paix ; et qu'il s'est engagé dans ce tournant le plus grave, le plus saisissant de sa carrière, dans cette guerre effroyable qui allait embraser toute l'Europe, et occuper tout son règne d'empereur.

L'ambassadeur d'Angleterre quitta Paris le 13 mai 1803. Aussitôt, la flotte anglaise mit la main sur tous les navires français sortis de nos ports. Douze cents bâtiments furent pris. En France, ordre fut donné par le premier consul d'arrêter tous les sujets anglais. En même temps, Napoléon prit des mesures pour fermer, autant que possible, le continent aux Anglais. Il fit occuper, militairement, les territoires où l'on pouvait le mieux entraver leur commerce : le royaume de Naples, la Hollande, le Hanovre.... Il visita lui-même les côtes de la Manche, donnant des ordres pour perfectionner la défense de notre littoral, organisant les moyens de descente en Angleterre. Son voyage fut un long triomphe. Les populations l'acclamèrent dans des ovations sans fin. L'enthousiasme pour la guerre fut général; les villes, les départements votèrent à l'envi des vaisseaux, des bateaux, des canons pour la flotte de débarquement.

De son côté, l'Angleterre fit d'immenses apprêts de défense sur mer et sur terre. Elle chercha à soulever l'Europe contre nous. En même temps elle fomenta des troubles en Vendée, et prêta la main aux complots tramés à Londres contre la vie du premier consul par les Français réfugiés.

Le plus célèbre de ces complots eut à sa tête Georges Cadoudal, le chouan fameux, et Pichegru, le vainqueur de la Hollande. Des pourparlers furent même engagés à ce sujet par Pichegru avec Moreau. Les conjurés réussirent à débarquer en France, et à arriver à Paris. La police fut longue à les découvrir; elle y parvint cependant, et, arrêta successivement Moreau, malgré ses protestations, Pichegru, Georges et d'autres complices. Les interrogatoires établirent nettement que le but du complot était l'assassinat du premier consul pour faire place aux Bourbons; et que Moreau s'était retiré, après les premiers pourparlers, ne voulant pas agir pour les Bourbons. Dans plusieurs dépositions, il fut question de l'arrivée d'un grand personnage, d'un prince qui aurait été le chef de la conspiration.

On chercha qui pouvait être ce grand personnage, ce prince; et il parut probable que c'était le duc d'Enghien, alors en résidence sur les bords du Rhin, à Ettenheim, dans le pays de Bade. Le conseil des Consuls s'occupa de l'affaire, assisté par Talleyrand, le ministre des Affaires étrangères. Talleyrand invoqua le salut public, et fit décider l'enlèvement du prince.

L'opération fut faite rapidement. Le duc d'Enghien fut amené à Strasbourg, puis à Paris et à Vincennes; jugé sommairement par une commission militaire, et exécuté immédiatement dans les fossés de Vincennes, le 21 mars 1804. Il n'y avait aucune preuve sérieuse contre l'infortuné prince.

Dans cet événement déplorable, le plus douloureux de la vie de Napoléon, tout a été violé, les règles du droit des gens, comme celles de la justice la plus élémentaire : on ne peut pas l'excuser. Pour l'expliquer, il faut se rappeler ce que Napoléon en a dit lui-même dans son testament : « J'ai fait arrêter le duc d'Enghien, parce que cela était nécessaire à la sûreté, à l'intérêt, à l'honneur du peuple français, lorsque le comte d'Artois entretenait, de son aveu, soixante assassins à Paris. Dans une semblable circonstance, j'agirais encore de même. »

L'exécution du prince produisit une impression profonde dans toute l'Europe, et facilita incontestablement à l'Angleterre la formation d'une nouvelle coalition contre nous.

En France, la conspiration de Georges et de Pichegru, les dangers qu'avait courus le premier consul, les difficultés de la guerre que venait de déclarer l'Angleterre, poussèrent la nation à désirer la création d'un pouvoir plus fort encore que le consulat à vie, et l'établissement d'un gouvernement héréditaire. Les grands corps de l'État, les autorités, la magistrature, l'armée... publièrent à l'envi des adresses, à l'effet de faire donner « le titre d'Empereur, que porta Charlemagne, à celui qui le remplace comme législateur et comme guerrier ». La Constitution impériale fut votée le 18 mai 1804.

La période consulaire de la vie de Napoléon, la période des œuvres de haute sagesse, de reconstitution, de relèvement de la France, est terminée.

Nous allons le suivre maintenant dans la période impériale, qui sera remplie par sa lutte contre l'Angleterre et toute l'Europe. Nous le verrons muni du pouvoir absolu, inscrire dans

les annales de la France, des pages de gloire
prodigieuse, se mettre au-dessus des plus grands
hommes de guerre de l'histoire, faire ressortir
à tout jamais la valeur hors de pair de nos
soldats; puis subir des catastrophes inouïes; et,
bravant jusqu'au bout « les difficultés, les dangers » de cette guerre effroyable, la poursuivre
« avec acharnement », jusqu'à ce que nos ennemis soient installés « sur les hauteurs de Montmartre », — suivant les expressions trop prophé-
tiques, hélas! de sa conversation avec Lord
Withworth.

CHAPITRE IV

LES DÉBUTS DE L'EMPIRE
LE CAMP DE BOULOGNE

Dès le lendemain de la proclamation de l'Empire, Napoléon fit paraître la promotion des maréchaux. Quatorze généraux de division furent créés maréchaux de l'Empire, le 19 mai 1804, dans l'ordre suivant :

Berthier, Murat, Moncey, Jourdan, Masséna, Augereau, Bernadotte, Soult, Brune, Lannes, Mortier, Ney, Davout et Bessières.

Quatre autres généraux de division, qui avaient commandé en chef, reçurent en même temps le titre de maréchal : Kellermann, Lefebvre, Pérignon, Sérurier.

En même temps, l'Empereur s'occupa d'organiser sa cour, l'étiquette, de créer des grands dignitaires ; et pour cela il s'inspira du grand souverain, qui avait été visé dans les adresses, de Charlemagne. « Je suis Charlemagne, dit-il lui-même à cette époque, parce que comme Charlemagne, je réunis ma couronne de France à celle des Lombards, et que mon empire touche à l'Orient. » C'est à Charlemagne qu'il emprunta les titres de ses grands dignitaires, son blason, ses insignes impériaux, et bientôt son costume du sacre, ainsi que l'idée des grandes cérémonies destinées à frapper l'imagination du peuple.

Son frère Joseph fut créé grand électeur ; son frère Louis [1] connétable ; les deux consuls reçurent, Cambacérès la dignité d'archichancelier, Lebrun celle d'architrésorier.

Les grands officiers civils furent le cardinal Fesch, grand aumônier ; l'aide de camp Duroc, grand maréchal du palais ; Caulaincourt, grand écuyer ; Berthier, grand veneur.

Bientôt, Napoléon s'organisa, méthodiquement,

---

1. Les deux autres frères, Lucien et Jérôme, furent exclus des grandes dignités, parce qu'ils s'étaient mariés sans le consentement de Napoléon. Plus tard Jérôme laissa casser son mariage, et revint en grâce. Les trois sœurs de Napoléon devinrent, Elisa, la princesse Bacciochi ; Pauline, d'abord la générale Leclerc, puis la princesse Borghèse ; Caroline, la princesse, la reine Murat.

deux existences : l'une de parade qui se passait dans l'appartement « d'honneur », les grands appartements, la chapelle, les théâtres, le corps législatif, etc.; - l'autre sa vie vraie, sa vie d'homme, de travailleur, de mari, qui s'écoula dans l'appartement « ordinaire ». Cette double existence est connue maintenant dans tous ses détails, grâce au bien intéressant livre de M. Frédéric Masson, de l'Académie française, *Napoléon chez lui.*

Aux Tuileries, les « grands appartements » destinés aux fêtes, aux cérémonies, comprenaient la salle des maréchaux, deux salons, la salle du Trône, le cabinet d'apparat de l'Empereur, la galerie de Diane.

Après les grands appartements, venait « l'appartement ordinaire », divisé en appartement « d'honneur », comprenant deux salons et la salle des gardes; et en appartement « intérieur » renfermant le cabinet de l'Empereur, un arrière-cabinet, le bureau topographique, la salle des bains, la chambre à coucher, le cabinet de toilette...; au-dessus, pris sur l'étage, un appartement similaire, appelé petit appartement ou appartement « secret » de Sa Majesté.

L'appartement intérieur était gardé au dehors par un huissier; au dedans, se tenaient un gardien du portefeuille et un valet de chambre. De Marengo à 1814, le premier valet de chambre fut Constant, qui avait été donné à Napoléon par Joséphine. Un autre valet de chambre fut célèbre, le mameluk Roustan, qui au début parut à cheval à toutes les parades, et qui couchait tous les soirs, en France et en campagne, dans la pièce précédant immédiatement la chambre où dormait l'Empereur. En 1814, Constant et Roustan se conduisirent mal vis-à-vis de leur ancien maître.

Entre six et sept heures du matin, le premier valet de chambre entrait dans la chambre à coucher de l'Empereur. Le réveil de Napoléon était gai; il avait conservé sa faculté de ne dormir que six heures, et dormait à volonté pour atteindre ces six heures de sommeil. Aussitôt réveillé, il faisait aérer, dépouillait son courrier, et se rendait au bain, qu'il prenait très chaud, y restant quelquefois plus d'une heure tout en travaillant.

Puis, couvert d'un vêtement de chambre, il travaillait parfois longuement avec son secrétaire, et passait ensuite dans son cabinet de toilette pour se raser lui-même, s'occuper minutieusement de sa toilette, et s'habiller. Dans la vie courante, il portait l'uniforme de colonel de la garde consulaire. Tout était réglé avec précision, économie, dans sa garde-robe, comme pour tout son service personnel. Son fameux chapeau de castor noir, n'ayant comme ornement qu'une petite cocarde, coûtait 60 francs. On en achetait quatre par an, qui devaient durer chacun trois ans. Il avait toujours une provision de lorgnettes et de faces-à-main, car il était myope. Souvent dès le réveil, il recevait son médecin Corvisart, ou son chirurgien Yvan.

A neuf heures du matin, dans un salon de l'appartement d'honneur avait lieu le « Lever », qui servait à l'Empereur à donner ses ordres aux dignitaires de sa maison; à recevoir les princes ou les très grands personnages admis aux « grandes entrées »; ou des personnages moindres ayant obtenu des « audiences particulières ».

Après les audiences, dans le même salon, déjeuner apporté sur un petit guéridon. Sa viande favorite était le poulet; son poisson, le rouget de la Méditerranée; sa boisson, du Chambertin, coupé d'eau. Il déjeunait seul, recevant parfois, tout en mangeant, des enfants de la famille impériale, des artistes, des savants.

Son café pris, il rentrait dans l'appartement intérieur, faisait une courte apparition chez l'Impératrice Joséphine, et se mettait au travail.

Son cabinet de travail des Tuileries avait une seule fenêtre, dans laquelle se tenait, devant une table, le secrétaire intime, — qui fut successivement Bourrienne, Méneval, Fain. Au milieu, un magnifique bureau; près de la cheminée, une chaise longue sur laquelle se tenait souvent l'Empereur, protégé du feu par un écran, et ayant près de lui un guéridon recevant la correspondance du jour. L'ameublement était complété par une bibliothèque, une armoire et quelques chaises. Personne, pas même les Ministres, n'entrait dans le cabinet de travail; quand il y avait urgence à recevoir un haut personnage, l'Empereur passait dans l'arrière-cabinet.

L'armoire servait à recevoir les papiers importants que l'Empereur désirait revoir, et qu'il classait lui-même avec un soin minutieux, afin d'éviter toute perte de temps en les recherchant. Pour consulter des cartes, il se rendait dans le bureau topographique attenant à son cabinet, et y trouvait de grandes tables sur lesquelles il pouvait les étaler.

Quand il arrivait du dehors dans son cabinet, il jetait son épée et son chapeau sur une chaise, s'asseyait sur la causeuse pour revoir le courrier placé sur le guéridon, se levait, se promenait; et dictait, passant, repassant devant la fenêtre où se tenait le secrétaire intime, activant sa marche à mesure que l'idée se pressait, tirant souvent d'un mouvement saccadé le parement de son habit, allant d'un sujet à l'autre sans difficulté, avec la même lucidité surprenante, comme si les affaires eussent été casées dans son cerveau « organisé en armoire ». Il l'a dit lui-même à Sainte-Hélène : « quand je veux interrompre une affaire, je ferme un tiroir, et j'ouvre celui d'une autre ; veux-je dormir, je ferme tous les tiroirs, et me voilà au sommeil ». Et il ajoutait qu'il avait toujours dormi quand il en avait besoin, et à peu près à volonté.

Son travail de dictée était considérable, et il n'était pas le seul. Chaque jour, il recevait des ministres des portefeuilles bourrés de papiers qu'il annotait tous de sa main. Il réunissait rarement des conseils de ministres ; mais il travaillait souvent avec le secrétaire d'État, le duc de Bassano, et d'autres ministres seuls, ou accompagnés de leurs directeurs généraux. Et il trouvait encore le temps de présider le Conseil d'État : son bureau y était installé au fond de la salle, sur une estrade élevée de deux marches, entre les bureaux de l'archichancelier et de l'architrésorier. Il écoutait, provoquait la discussion qu'il voulait entièrement libre ; heureux de récompenser les conseillers qui lui faisaient connaître la vérité, parfois en opposition avec les ministres. Quand il ne faisait qu'écouter, il lorgnait l'orateur, écrivait machinalement des phrases sans sens, tailladait de son canif le bras de son fauteuil ; et surtout prisait du tabac, vidait sa tabatière plusieurs fois, empruntait les tabatières des conseillers et les faisait disparaître dans les tiroirs de son bureau.

« Il était né pour le travail, il l'a dit lui-même ; et il n'en connaissait pas la limite. » Parfois, cependant, la nature réclamait ses droits. Il avait de loin en loin des journées de détente des nerfs, de flâne dans le cabinet ; alors c'étaient des bouts de conversation avec le secrétaire, des lectures bien vite interrompues, des lambeaux de chants poussés d'une voix forte et fausse. D'autres fois c'étaient les grandes promenades au dehors, la chasse....

Le soir, dîner avec l'Impératrice seule, dans un salon quelconque. L'heure réglementaire était six heures ; mais souvent Joséphine attendait des heures entières ; Marie-Louise exigea plus d'exactitude. Le dîner était très court ; dès que l'Empereur en avait assez, il demandait une glace, et sortait de table, pour prendre le café dans un salon, et rentrer dans son cabinet de travail. Parfois, il recevait là, ou chez l'Impératrice ; mais souvent, après quelques tours dans les salons, il rentrait dans son appartement intérieur et se remettait au travail. D'autres fois, il allait au théâtre, ou assistait aux Tuileries mêmes à une représentation, ou à un concert. Il aimait beaucoup la musique vocale.

Vers dix heures du soir, il recevait les « entrées » et le service, donnait ses ordres; et rentrait dans son appartement intérieur pour se coucher, jetant ses vêtements pêle-mêle, et ne se donnant jamais plus de six heures de sommeil. Parfois, il interrompait son sommeil pour se mettre au travail, « enfonçant dans sa mémoire les chiffres, les lieux, les routes dont il allait se servir à la guerre, pendant que tout dormait autour de lui, dans le palais et dans Paris ».

Le dimanche, après avoir travaillé comme d'habitude dans la matinée, il se rendait en grande pompe à la chapelle des Tuileries, vers midi. Il écoutait la messe, debout, grave, silencieux, la vue errante, pendant que Joséphine priait agenouillée sur un prie-Dieu.

La messe finie, il rentrait en cortège dans les grands appartements et les parcourait, ainsi que la galerie, au milieu des fonctionnaires et des officiers admis aux réceptions du dimanche. Il les questionnait, leur adressait quelques paroles brèves, et se rendait soit dans le grand cabinet pour des audiences ou des prestations de serment, soit dans la salle du Trône pour écouter des discours, recevoir des adresses.

Tous les quinze jours, il y avait grande parade, vers une heure de l'après-midi. Après le défilé, l'Empereur remontait dans les grands appartements, où l'attendait le corps diplomatique, faisant le cercle. Il allait de l'un à l'autre des ambassadeurs, leur disant souvent des choses banales, parfois s'exprimant, avec une vivacité allant jusqu'à la colère, sur les agissements de leur pays. Quand il avait fini, il congédiait le corps diplomatique d'un salut de la tête.

Le soir, du temps de Joséphine, il y eut tous les dimanches, un dîner de famille, dans lequel « le rang de famille était pour chacun strictement réglé[1] ». Après le dîner, l'Empereur se tenait dans l'un des salons pour causer avec sa mère, ses sœurs et l'Impératrice.

Avec Marie-Louise, l'intimité du dîner de famille disparut. Il y eut, les dimanches, cercle, ou spectacle. Les parades devinrent aussi de plus en plus rares.

---

[1]. Tous ces renseignements sont tirés de *Napoléon chez lui*, de M. Frédéric Masson.

Pendant les premiers jours de l'Empire, les apprêts contre l'Angleterre continuèrent formidables. Sept corps d'armée avaient été organisés sur les côtes. A l'Est, c'était dans le Hanovre le corps de Bernadotte ; à l'Ouest, en Bretagne, les troupes d'Augereau ; au centre, cinq corps commandés par Marmont, Davout, Soult, Lannes, Ney, étaient installés dans cinq camps, à Utrecht, Ostende, Boulogne, Arras, Montreuil, sous le nom général d'armée du camp de Boulogne.

L'installation de ces troupes était terminée depuis plusieurs semaines en juin 1804. L'instruction s'y poursuivait avec ardeur tant pour les combats, que pour les embarquements sur mer. La flottille comprenait déjà plus de dix-huit cents petits bâtiments, plats, tirant à fleur d'eau, armés d'artillerie, propres à échapper aux vaisseaux de ligne par leur peu de surface et leur mobilité, et capables d'embarquer plus de 120 000 hommes.... Napoléon résolut d'élever encore d'avantage le moral de l'armée et de la nation, par des cérémonies grandioses, aptes à frapper vivement les imaginations.

La Légion d'honneur, créée quelques mois

DISTRIBUTION DES CROIX DE LA LÉGION D'HONNEUR AU CAMP DE BOULOGNE (FRAGMENT),
par Hennequin. (Musée de Versailles.)

Phot. Hachette et C.

auparavant, fut inaugurée solennellement à Paris, dans l'Église des Invalides, le 15 juillet. La messe fut dite devant l'Empereur et l'Impératrice Joséphine, placés en avant des récipiendaires de la Légion d'honneur. Par derrière, se dressait un grand amphithéâtre, occupé par 700 invalides et 200 élèves de l'École polytechnique.

La messe dite, l'Empereur se leva, prononça la formule du serment, devant les légionnaires qui, la main levée, s'écrièrent : « je le jure », puis vinrent successivement recevoir leurs croix.

La cérémonie produisit à Paris une très vive impression. Elle fut renouvelée au camp de Boulogne, dans des conditions plus solennelles encore, le 16 août. Ce fut un spectacle inoubliable, dit M. Thiers. « En face de la mer qu'il allait essayer de dompter, l'Empereur occupait un trône entouré de ses maréchaux. Devant lui, les troupes formées en colonnes serrées avaient la disposition d'un immense éventail, dont les rayons aboutissaient au trône impérial. »

100 000 hommes étaient là, massés, superbes, immobiles, les yeux fixés sur leur chef, sur leur souverain. Autour de l'armée, se pressait un concours immense de populations venues de toutes les provinces voisines.

Lorsque, devant les officiers et les soldats, qui allaient recevoir les croix, rangés au pied du trône, l'Empereur se leva, et prononça à haute voix la formule du serment de la Légion d'honneur, et que les décorés répondirent « nous le jurons » au bruit des fanfares et des salves de canons, l'armée tout entière fut prise d'un enthousiasme indescriptible ; jusque dans ses rangs les plus éloignés, il s'éleva une clameur formidable : « Vive l'Empereur ! nous le jurons. »

Et elle a tenu parole : elle est devenue la « grande armée », la plus vaillante armée du monde, de l'histoire.

Quelques jours plus tard, après avoir inspecté, fait manœuvrer les troupes et la flottille, envoyé des ordres aux amiraux, pour préparer l'irruption de ses vaisseaux dans la Manche et faciliter le départ de la flottille, Napoléon se rendit à Aix-la-Chapelle, où l'on ne manqua pas de le comparer à Charlemagne. Plein de ces souvenirs, il ne tarda pas à faire auprès du Saint-Siège les premières ouvertures pour déterminer le pape à venir le sacrer à Paris, comme l'avait été Charlemagne, dix siècles auparavant.

La cérémonie du sacre eut lieu le 2 décembre, à Notre-Dame, avec une pompe extraordinaire. La traversée du cortège impérial, superbe,

NAPOLÉON DANS SON COSTUME DE COURONNEMENT,
d'après le Portrait de Robert Lefèvre.

éblouissant, des Tuileries à Notre-Dame, se fit au milieu de la foule. Dans la cathédrale pleine d'hommes en habit à la française, l'épée au côté, de femmes aux brillantes toilettes, les cardinaux, archevêques et évêques vinrent recevoir au portail l'Empereur revêtu des ornements impériaux et l'Impératrice, et les conduisirent sous un dais jusqu'à leurs trônes placés dans le sanctuaire. Cinq maréchaux et un colonel général portaient la couronne, le sceptre, l'épée de Charlemagne, le collier, l'anneau de l'Empereur et le globe impérial.

La cérémonie se fit selon les coutumes antiques des couronnements. Une seule innovation fut introduite, et elle fut très remarquée : au lieu de recevoir la couronne du pape, l'Empereur se la posa lui-même sur le front, et mit de ses mains le diadème au front de l'Impératrice.

Le cortège ne quitta Notre-Dame qu'à la chute du jour. La rentrée aux Tuileries, à travers Paris, se fit au milieu de cinq cents torches, qui éclairaient la marche. Le lendemain et les jours suivants, Paris fut en fête. C'est alors qu'eut lieu la distribution des aigles aux troupes réunies au Champ de Mars.

Quatre mois après, l'Empereur complétait son sacre de Paris, en allant en Italie, se faire remettre la couronne de fer des Lombards, au milieu des acclamations de l'Italie, heureuse d'être unie; au milieu de fêtes, de revues, de manœuvres, dont la plus impressionnante eut lieu dans les plaines de Marengo.

Pendant ces mois de réjouissances pompeuses, retentissantes, il fut loin de négliger les affaires de l'Empire. Il écrivit au roi d'Angleterre une lettre personnelle pour essayer de renouer les relations : le cabinet de Londres lui fit répondre « qu'il ne pouvait rien faire sans l'assentiment de l'Europe, dont il consulterait les souverains et notamment l'empereur de Russie ». Napoléon ne se trompa pas à cette réponse évasive; il savait que la troisième coalition était en train de se former. Il espérait toutefois que les préparatifs de guerre des alliés traîneraient assez pour lui donner le temps de risquer la descente en Angleterre; et quelques jours après sa rentrée d'Italie, il se rendit à Boulogne, 3 août 1805, pour activer l'expédition d'Angleterre.

Les ordres les plus précis avaient été donnés à l'amiral Gantheaume qui commandait notre flotte de Brest; à l'amiral Villeneuve qui de la Martinique devait naviguer rapidement vers notre alliée, l'Espagne, rallier les flottes espagnoles, se porter avec cette armée navale sur Brest, pour débloquer Gantheaume ; puis à la tête de toutes ces forces navales faire irruption dans la Manche, et permettre à la flottille d'entrer en action et de passer le détroit.

Tout manqua. Villeneuve s'attarda à livrer bataille, près du cap Finistère, aux forces anglaises commandées par l'amiral Calder ; puis il s'attarda à la Corogne, au Ferrol, hésita au lieu de cingler vers Brest, et finalement se dirigea sur Cadix, où il ne tarda pas à être bloqué. Nelson, qui avait pris le commandement en chef de l'armée navale anglaise, partit pour Cadix. Le salut de l'Angleterre était là.

L'Empereur fut consterné par l'annonce de ces nouvelles. Il consulta encore l'amiral Decrès, ministre de la marine, pour savoir s'il pourrait tenter le passage avec la seule flottille ; mais il comprit qu'il n'y avait plus rien à faire. Et avec cette promptitude de décision, qui est un des traits les plus remarquables de son caractère, il donna les ordres pour porter toute son armée, « la grande armée », sur l'Autriche qui venait de commencer les hostilités.

La coalition, organisée par l'Angleterre, comprenait l'Autriche, la Russie, la Suède, Naples.... 40 000 hommes devaient agir en Hollande ; 80 000 Autrichiens en Italie, avec l'archiduc

Charles; 80 000 Autrichiens avec Mack, dans la vallée du Danube, pour envahir la Bavière, et attendre, derrière l'Iller, l'arrivée de deux armées russes de 60 000 hommes chacune. Les Russes étaient en retard; pressée par l'Angleterre, qui désirait avant tout éviter la descente sur son territoire, l'Autriche venait de pousser ses troupes en Bavière, vers Ulm.

De son côté, Napoléon s'est décidé à rester sur la défensive en Italie; il donne à cet effet 50 000 hommes à Masséna qui commande nos forces de ce côté. Le grand effort sera fait sur le Danube. Les magnifiques corps d'armée de Boulogne sont dirigés à marches forcées vers ce fleuve, pour le passer au plus vite, et se placer entre les Autrichiens et les Russes, à l'effet d'écraser les premiers avant l'arrivée des seconds. C'est la célèbre manœuvre d'Ulm.

Les sept corps de la « grande armée », commandés par Bernadotte, Marmont, Davout, Soult Lannes, Ney, Augereau, et la garde impériale, sont dirigés à marches forcées, par des routes parallèles, sur le Rhin; puis continuant leur marche, ils convergent vers le Danube, qu'ils franchissent vers le 8 octobre, à Donauwerth, Neubourg, Ingolstadt; pendant que s'organise la garde de la base d'opérations du Rhin, avec le corps d'Augereau et des bataillons de conscrits.

Dès qu'il a traversé le Danube, Napoléon s'occupe de parer à l'arrivée des Russes qui sont en route; de couper Mack de ses communications avec le Tyrol, et de l'envelopper de toutes parts. Ces mouvements, ces marches forcées nécessitent des efforts extraordinaires; mais ces efforts qu'il a déjà obtenus en Italie, en Égypte, il n'hésite pas à les demander encore. Il a l'admirable don de savoir soutenir le moral des soldats, surexciter leur entrain; et pour cela il ne craint pas de leur faire connaître le but de ses efforts : « Mettez à l'ordre de votre armée, écrit-il au maréchal Soult, que s'ils veulent se battre, il faut que la 1re division soit à Memmingen avant neuf heures du matin; sans quoi, ils ne seront pas à la bataille.... » Et dans une autre lettre : « Dites-leur que si j'avais voulu battre l'ennemi, je n'aurais pas eu besoin de tant de marches et de fatigues; mais que je veux le prendre.... »

Et il l'a pris. Ses troupes, ses lieutenants ont répondu énergiquement à son appel. Battu à Wertingen, à Albeck, à Elchingen, Mack est bientôt cerné dans Ulm, et capitule avec 30 000 hommes. 15 000 Autrichiens réussissent à s'échapper vers le Tyrol; 15 000 marchent vers la Bohême, mais poursuivis par Murat ils sont cernés et faits prisonniers.

Aussitôt, tout en organisant solidement ses derrières, et en se gardant sur ses flancs, Napoléon suit les Russes vers Vienne. Une flottille de bateaux, commandée par un capitaine de frégate, descend le Danube derrière l'armée, et sert à en assurer les ravitaillements et les communications.

L'avant-garde de l'armée commandée par Murat entre, le 13 novembre, dans la capitale de l'Autriche. L'armée austro-russe s'est concentrée, au nord du fleuve, vers Olmütz, formant une masse de près de 100 000 hommes. Napoléon la suit; mais il a déjà laissé bien du monde en arrière, pour surveiller le Tyrol, l'Italie, et assurer ses bases; quand il arrive à Brünn, il ne dispose plus que de 65 000 hommes. Alors il termine cette campagne, si brillante jusque-là de rapidité, d'audace, d'entrain, par un acte de bon sens, de haute sagesse; il évite d'allonger encore sa ligne d'opérations, qui a déjà absorbé tant de troupes; il s'arrête, et manœuvre pour attirer à lui les Austro-Russes, et les engager à livrer bataille dans des conditions qu'il a prévues, et qui lui donneront le succès. C'est la manœuvre d'Austerlitz.

Il s'avance, rétrograde, se couvre de retranchements, feint l'inquiétude, se porte lui-même aux avant-postes pour recevoir un aide de camp de l'empereur de Russie, envoyé en parlementaire; et réussit à attirer l'armée ennemie vers son champ de bataille.

Il la laisse se déployer en face de ses troupes, occuper le plateau de Pratzen, lancer d'énormes colonnes vers les étangs de Telnitz pour tourner notre droite. Alors, pendant que Davout lutte énergiquement pour arrêter ces colonnes, que Lannes et Murat résistent victorieusement sur notre gauche, Napoléon lance Soult, suivi de Bernadotte, dans une attaque centrale sur le plateau de Pratzen, qui est enlevé en un magnifique élan. Aussitôt, les troupes de Soult se tournent vers les colonnes russes, que Davout maintient en tête, les mettent en désordre, et les poussent sur les étangs gelés, dont nos boulets font rompre la glace. Notre armée tout entière se porte en avant. La bataille est glorieusement gagnée.

L'attitude de l'Empereur avant et après cette bataille, qui allait décider du sort de la guerre, peut-être de son empire, et qu'il livrait dans des conditions numériques si fâcheuses, est à mettre en relief; car elle montre la sérénité de son esprit, la hauteur, la force de son caractère. Elle a été décrite, dans les mémoires d'un de ses aides de camp, le comte de Ségur, qui plus tard devint général de division et membre de l'Académie française :

« La veille d'Austerlitz, écrit Ségur, après avoir dicté sa proclamation à l'armée, Napoléon dîna gaiement dans une chaumière, avec Murat, Caulaincourt, Junot, Mouton, Rapp, Lemarois, Ségur. La conversation roula sur la tragédie. « Voyez « Corneille, s'écria Napoléon. Quelle force de « conception ! C'eût été un homme d'état.... » « Le « prestige de la religion païenne n'existant plus, « il faut à notre scène tragique un autre mobile. « C'est la politique qui doit être le ressort de la « tragédie moderne. » Plus tard, rappelant ses souvenirs d'Égypte, il dit que « s'il s'était emparé « de Saint-Jean-d'Acre, il aurait pris le turban ; « gagné une bataille d'Issus, se serait fait empe- « reur d'Orient, et serait rentré à Paris par Con- « stantinople... ».

« Le jour baissant, il visita les parcs, les ambulances ; puis se jetant sur la paille de sa baraque, il s'endormit profondément. Réveillé au bout de quelques heures par une attaque vers les lacs, il remonta à cheval, et s'aventura entre les deux lignes. Un parti de Cosaques faillit le prendre. Il regagna son bivouac à pied, de feu en feu ; c'est alors que, reconnu par un grenadier qui l'éclaira en faisant un flambeau de paille, il fut acclamé par tous les soldats, improvisant des torches et la plus merveilleuse des illuminations, aux cris mille fois répétés de « vive l'Empereur ! »

« Il rentra enfin à son bivouac, mais dormit peu. Le matin du 2 décembre, quand le jour commença à poindre, il fit appeler ses officiers, déjeuna avec eux debout; puis ceignant son épée il leur dit : « Maintenant, messieurs, nous « allons commencer une grande journée. » Un instant après, tous ses maréchaux étaient autour de lui, sur le tertre, que les soldats ont appelé « la butte de l'Empereur », pour recevoir ses derniers ordres....

Pendant la bataille, « vers une heure, la garde à cheval d'Alexandre attaqua si vivement la gauche de Vandamme que deux bataillons furent écrasés, en découvrant l'Empereur qui s'était avancé de ce côté. Sans s'émouvoir, l'Empereur envoya Rapp à la cavalerie de la garde. Bientôt après, Rapp revint seul, au galop, la tête et le front ensanglantés, et dit à haute voix : « Sire, je me suis permis de prendre vos chasseurs; nous avons renversé, écrasé la garde russe, et pris son artillerie. — C'est bien, je l'ai vu, répondit l'Empereur. Mais, tu es blessé. — Ce n'est rien, reprit Rapp, ce n'est qu'une égratignure.... »

« ... Vers une heure, la bataille était finie. Napoléon revint vers la route d'Olmütz, s'arrêtant à chaque blessé, leur parlant, leur faisant donner de l'eau-de-vie de sa cantine.... »

Après Austerlitz, l'armée austro-russe se retira en désordre par la route de Presbourg, poursuivie par Murat; et par Davout qui allait en couper la retraite à Gading, quand l'empereur d'Autriche demanda un armistice, Napoléon y consentit, et arrêtant Davout permit même aux Russes de poursuivre leur retraite. L'empereur Alexandre en profita aussitôt pour s'aboucher avec la Prusse contre Napoléon. La paix fut signée avec l'Autriche le 26 décembre 1805. Les stipulations du traité de paix furent terriblement dures pour l'Autriche : elle fut reléguée dans le bassin du Danube, écartée de l'Italie, de la Suisse, du Rhin, et séparée de l'Empire germanique qui fut annihilé par la concession de la souveraineté indépendante aux électeurs de Bavière, de Wurtemberg, et de Bade.

Pendant la campagne du Danube, Masséna s'était maintenu sur l'Adige, devant l'archiduc Charles; après Ulm, il suivit l'archiduc vers l'Autriche, mais sans avoir à combattre.

Sur mer, Trafalgar vint donner une compensation, lamentable pour nos armes, aux Anglais.

L'amiral Villeneuve devait se rendre de Cadix à Toulon avec trente-trois vaisseaux, français et espagnols. Il chercha la bataille et se rencontra le 20 octobre 1805 avec la flotte de Nelson, à hauteur du cap de Trafalgar. Énergiquement commandée par Nelson, qui fut tué ce jour-là, la flotte anglaise eut le succès. Notre flotte fut presque entièrement détruite. La mer appartenait définitivement aux Anglais. Les deux nations ennemies restaient donc face à face; mais Austerlitz eut un bien plus grand retentissement, dans l'opinion publique mondiale, que Trafalgar. En Angleterre même, la défaite de l'Autriche jeta la consternation. L'homme de l'aristocratie anglaise, de l'aristocratie européenne, le premier ministre qui avait poussé l'Angleterre à la guerre, et soulevé la coalition contre nous, Pitt, notre ennemi implacable, fut frappé au cœur par Austerlitz, et mourut le 23 janvier 1806.

Avant de rentrer à Paris, après avoir signé la paix à Schœnbrünn, Napoléon s'arrêta à Munich, avec l'impératrice Joséphine, pour le mariage de son fils Eugène de Beauharnais, avec une princesse, fille du nouveau roi de Bavière. Déjà il avait donné les ordres pour l'occupation du royaume de Naples par nos troupes; l'opération se fit sans difficultés. La dynastie des Bourbons de Naples fut déclarée déchue, et le royaume donné au frère aîné de l'Empereur, qui devint le roi Joseph. Bientôt après la Hollande fut constituée en royaume, et eut pour souverain, un autre frère de Napoléon, le roi Louis marié à Hortense de Beauharnais.

A la même époque, des principautés souveraines furent données aux deux sœurs de l'Empereur, Elisa et Pauline. Murat, son beau-frère, devint souverain héréditaire des duchés de Berg et de Clèves. Berthier, Talleyrand, Bernadotte reçurent des principautés, érigées en fiefs immédiats de l'Empire. Enfin douze provinces des anciens états vénitiens, Dalmatie, Istrie, Trévise, Conegliano, Bellune, Feltre, Frioul, Bassano, Vicence, Cadore, Rovigo, Padoue, furent réservées à l'Empereur. qui les concéda plus tard à ses maréchaux, avec 30 millions de domaines nationaux, comme fiefs immédiats de l'Empire.

En rentrant à Paris, Napoléon fut reçu triomphalement. Il s'occupa activement des affaires de l'Empire, des finances, des douanes, de l'instruction publique, de la réorganisation de la Banque de France, du corps des ponts et chaussées, des maisons d'éducation de la Légion d'honneur, des routes, des canaux... et aussi de l'embellissement de Paris dont il voulait faire la capitale incontestée, grandiose de l'Europe. C'est vers cette époque qu'il décida l'érection sur la place Vendôme de la colonne, faite avec le bronze des canons pris sur l'ennemi pendant la campagne d'Autriche ; la construction des arcs de triomphe du Carrousel et de l'Étoile ; la réunion du Louvre et des Tuileries....

Il était au faîte des grandeurs ; et néanmoins, c'est là une des très rares faiblesses de cet admirable caractère, il attachait de l'importance « aux caquetages de la police[1] ». Il fit exiler plusieurs femmes du faubourg Saint-Germain dont les salons étaient, au dire des rapports de police, des centres de dénigrement systématique de l'Empire.

1. Mémoires du général Rapp.

CHAPITRE V

IÉNA. — FRIEDLAND. — TILSITT

L'EMPEREUR de Russie, Alexandre, avait refusé, de signer le traité de paix, après Austerlitz ; il n'y avait pas un an qu'il avait juré avec le roi de Prusse et la reine Louise, sur le tombeau du grand Frédéric, d'unir leurs efforts contre la France. Une alliance offensive fut nouée entre la Russie, l'Angleterre et la Prusse. L'Autriche soignait ses blessures ; elle ne fit pas partie de cette coalition.

Napoléon ne tarda pas à dénoncer les manœuvres des deux cours du Nord à ses alliés de la confédération du Rhin. Dès le mois de septembre 1806, les préparatifs de guerre commencèrent des deux côtés.

Ceux de Napoléon sont d'autant plus intéressants à suivre, qu'on en connaît maintenant tous les détails par les publications de notre État-major général de l'armée. Ils font ressortir le talent d'organisation et la puissance de travail extraordinaires de l'Empereur : Ses ordres relatifs à cette préparation n'entrent dans aucune considération générale. Chacun est renseigné sur ce qu'il doit préparer, organiser dans sa sphère, petite ou grande, mais il en ignore le but. Napoléon seul sait et médite, dans le plus grand secret, l'idée d'ensemble de la guerre. Il n'a pas de confidents, il n'a que des inférieurs exécutant des ordres de détail.

Et cependant, il n'omet rien pour l'organisation et la défense de ses bases d'opérations ; pour la création d'une armée de réserve sur le Rhin, et d'autres corps appelés à défendre nos frontières maritimes contre les flottes ennemies ; pour la reconnaissance du territoire ennemi.... En même temps, il veille à tous les détails de l'organisation des troupes : il s'occupe lui-même des souliers, des rations de pain, du nombre des voitures à tolérer dans les corps, du nombre d'officiers d'ordonnance à imposer à chaque grade de général.... Il prescrit le jour où tous les corps passeront les revues destinées à éliminer les malingres ; et inopinément, il vient passer lui-même quelques-unes de ces revues, traitant sévèrement les colonels qui lui fournissent des renseignements inexacts sur leurs effectifs....

Et il continue ainsi, vigilant, infatigable jusqu'aux dernières heures qui précèdent la mise en mouvement de ses colonnes. Il a le génie des détails, comme il a le génie des ensembles, le génie de la guerre.

Après avoir quitté Paris en poste, il se rend le 28 à Mayence, et le 2 octobre à Würtzbourg, au milieu de ses corps d'armée, qui sont cantonnés dans la région de Bamberg. Dès le 5 octobre, il expédie ses ordres pour faire commencer les opérations.

Ses ordres de mouvements sont d'autant plus instructifs qu'il ignore complètement la situation et les intentions des Prussiens, et qu'il n'a pas encore eu affaire à leur armée, tout imprégnée des glorieuses traditions du grand Frédéric. Il se tient donc prêt pour toutes les éventualités ; les dispositions qu'il prend pour passer les défilés de la Franconie, sa fameuse « marche en carré », permettant à son armée, non seulement de gagner rapidement du terrain vers l'ennemi, mais encore de pouvoir faire face de tous côtés, sont des chefs-d'œuvre. Là encore, l'idée fondamentale de sa manœuvre, de la manœuvre d'Iéna, a été de chercher à gagner le plus tôt possible les derrières de l'ennemi, afin d'obtenir la bataille décisive, le coup de massue écrasant d'un seul coup son adversaire.

Le 8 octobre, Murat débouche avec la cavalerie dans les plaines de la Saale, éclairant les trois colonnes de l'armée et a un petit engagement à Schleitz; le 10, Lannes culbute le prince Louis à Saalfeld. Jusqu'au 13, la Grande Armée est poussée vers le Nord; rien n'indique encore la situation exacte des armées ennemies; sont-elles autour de Weimar, ou bien en marche vers Leipzig?

Voici ce qui s'était passé jusque-là dans l'armée prussienne : certaine d'être bientôt secourue par les Russes, fière de son passé, la Prusse avait poussé hâtivement sa mobilisation, au milieu de l'enthousiasme bruyant des populations. La reine Louise parcourait les rangs des troupes avant leur départ, revêtue de l'uniforme de son régiment, et les excitait au dévouement. Quand la garnison de Berlin se mit en route, ayant à sa tête le général en chef, le vieux duc de Brunswick, les habitants escortèrent les soldats en poussant des hurras de triomphe.

La Saxe fut envahie par les troupes prussiennes, qui traversèrent les villes en chantant, en se faisant couvrir de fleurs, en se faisant appeler les libérateurs de l'Allemagne. Trois armées de 60 à 70 000 hommes se concentrèrent entre Iéna et Weimar, sous les ordres du duc de Brunswick, qui commandait directement l'armée du centre. Les deux autres étaient aux ordres de Hohenlohe et de Rüchel. Elles étaient couvertes par des détachements et attendaient les événements.

Le 9 octobre et le 10, les détachements battus à Schleitz et à Saalfeld, rejoignent les armées, démoralisés. Le 12, on apprend que les Français sont à Naumbourg, commençant à tourner les forces prussiennes. Alors le haut commandement renonce à toute idée d'offensive, et se décide à rétrograder sur Leipzig, en longeant la Saale. Le mouvement est commencé le 13 par l'armée du duc de Brunswick, avec laquelle marche le roi. Les deux autres armées restent entre Iéna et Weimar.

Ce jour-là, 13 octobre, vers neuf heures du matin, des rapports précis arrivent enfin à l'empereur Napoléon. « Le voile est déchiré » : le gros des forces ennemies est encore près de Weimar. Immédiatement, il donne des ordres pour rapprocher ses troupes à marches forcées, de toutes parts, vers l'ennemi; se porte de sa personne auprès de Lannes qui occupe Iéna,

BATAILLE D'IÉNA,
par Horace Vernet. (Musée de Versailles.)

monte sur le Landgrafenberg, reconnaît l'armée ennemie, achève de donner ses ordres pour le lendemain; et passe sa nuit à visiter les avant-postes, à intervenir personnellement pour dégager des troupes d'artillerie arrêtées dans un ravin, tenant lui-même une torche....

Dès la pointe du jour, devant l'Empereur, les troupes prennent leur ordre de bataille, en repoussant les premières troupes de l'ennemi; Lannes au centre, Soult et Augereau aux ailes; Ney et Murat sont encore en marche; la garde sert de réserve. Bernadotte et Davout ont reçu des ordres spéciaux.

Surpris par l'attaque des trois corps d'Iéna, l'armée de Hohenlohe entre en ligne successive-ment, sans ensemble; néanmoins le combat traîne jusqu'à l'arrivée de Ney; alors il reprend énergiquement, la charge est battue sur toute notre ligne. Les troupes de Hohenlohe sont mises en désordre; quand celles de Rüchel vien-nent à leur secours, il est trop tard; rien n'arrête plus nos soldats, et bientôt intervient la cavalerie de Murat qui transforme en déroute la retraite de nos ennemis.

A quatre heures, les Prussiens fuient de toutes parts, laissant entre nos mains 12 000 tués ou blessés, 15 000 prisonniers, 200 canons.

Pendant ce temps, dans cette mémorable journée du 14 octobre 1806, l'armée de Brunswick avait été remise en marche de bonne heure pour continuer vers Leipzig, et se heurtait aux troupes du maréchal Davout.

Le maréchal était depuis la veille à Naumbourg; Bernadotte était auprès de lui. Pendant la nuit du 13 au 14, Davout avait reçu de l'Empereur des ordres lui apprenant que la bataille allait s'engager à Iéna, et lui prescrivant de marcher sur Apolda, de manière à être engagé vers midi. Le corps de Bernadotte devait faire le même mouvement; mais ce maréchal ne voulut pas suivre Davout; il préféra remonter la vallée pour passer la Saale à Dornbourg; perdit du temps, gêna la cavalerie de Murat et fatigua ses troupes inutilement entre les deux batailles.

Davout savait qu'il avait devant lui, sur les plateaux qui dominent la Saale, des forces ennemies très supérieures, et qu'il allait s'y heurter avec ses seules ressources, puisque Bernadotte prenait une autre direction. Il n'hésita pas néanmoins, et donna dans cette journée le plus admirable exemple de ce que doit faire un chef de détachement ayant reçu un ordre précis pour une bataille. Il s'engagea à fond pour exécuter cet ordre sans arrière-pensée, sans garder un homme en réserve pour assurer sa retraite, n'ayant qu'une idée, qu'une préoccupation : passer sur le corps des troupes ennemies qui veulent l'empêcher d'aller là où l'appelle l'ordre de son commandant en chef, de son souverain.

Avant le jour, sa division d'avant-garde Gudin passe la rivière, et rencontre l'ennemi sur le plateau. Aussitôt ce sont des attaques incessantes, des combats furieux livrés par la cavalerie et l'infanterie prussiennes, qui grossissent d'instant en instant. Le maréchal n'en parvient pas moins à déployer ses trois immortelles divisions Gudin, Friant, Morand, dont les carrés résistent vaillamment à tous les efforts de l'adversaire. Mais cela ne lui suffit pas ; il prend l'offensive, dès qu'il le peut, et malgré la supériorité numérique énorme des Prussiens, il les repousse de position en position.

A trois heures, la partie était gagnée du côté d'Auerstaedt, comme du côté d'Iéna. Vigoureusement poussés, les fuyards des trois armées prussiennes se rejoignaient dans un désordre, dans une confusion inextricables. Les admirables, héroïques divisions du maréchal Davout avaient merveilleusement complété les succès éclatants de nos troupes d'Iéna. Elles avaient perdu 10 000 hommes sur 25 000. Mais avec ces

25 000 soldats, elles avaient réussi à battre 70 000 Prussiens, et à se couvrir, avec leur chef, d'une gloire ineffaçable.

La poursuite de l'armée battue fut digne de la bataille. Elle n'a pas d'égale dans les annales de la guerre, comme énergie, entrain, élan. Murat y joua le rôle le plus important, le plus brillant; Lannes, Soult, Bernadotte y prirent aussi une part des plus actives, pendant que d'autres maréchaux enlevaient les places fortes ; pendant que Napoléon entrait triomphalement à Berlin, ayant immédiatement derrière lui les vainqueurs d'Auerstaedt. Sept semaines après l'ouverture tapageuse de la campagne, la Prusse était anéantie, douloureusement humiliée. Elle n'avait plus ni armée, ni places fortes, ni capitale. Après avoir entendu résonner, au début des hostilités, les cris de guerre, les chants arrogants, elle écoutait maintenant, les récits attristants, décourageants, humiliants de ces désastres, de ces déroutes, de ces capitulations dont la honte n'avait pas de pendant dans l'histoire.

* *
*

1806 est le point culminant des talents de Napoléon comme homme de guerre. C'est de là qu'il faut le contempler, pour apprécier toute l'étendue, toute la hauteur de ses qualités de chef militaire.

Nous avons déjà vu, surtout par l'exemple de la campagne d'Iéna, avec quels soins il préparait ses guerres, veillant à tous les détails de l'organisation de ses armées, de leurs moyens de transport, de leur ravitaillement; créant, perfectionnant ses bases d'opérations; étudiant le terrain de la guerre, songeant à l'avance à tout ce qui pourrait entraver les mouvements qu'il projette; tout en cachant ses intentions même à son entourage immédiat, et en prenant les précautions les plus minutieuses pour que l'ennemi ne puisse, en rien, deviner son plan d'opérations et soit entièrement surpris.

Pour faire à lui seul cet énorme labeur de la préparation de ses guerres, il lui a fallu, outre ses qualités d'intelligence, de jugement, de clairvoyance et ses talents d'organisateur, cette puissance de travail extraordinaire, sur laquelle nous avons déjà attiré l'attention. Il a été aidé aussi par son aptitude aux mathématiques, qui a été signalée par ses maîtres, dès l'école de Brienne : C'était un calculateur infatigable; et son don de lire rapidement les cartes topographiques, et de s'en graver les grandes lignes dans la mémoire a dû lui rendre aussi les plus grands services.

Au moment où il entrait en action, tout était étudié, mesuré, calculé ; il connaissait à fond le pays où il allait porter la guerre, livrer bataille ; sa prodigieuse mémoire des lieux, comme sa faculté de voir de haut, d'ensemble, « dans l'espace » intervenaient alors, et lui étaient d'un grand secours pour diriger ses opérations.

Lorsque ses ordres pour la concentration de ses troupes étaient sur le point d'être entièrement exécutés, il quittait Paris brusquement ; et ses départs produisaient toujours une profonde sensation. On savait que son arrivée à l'armée allait être comme le signal du commencement des opérations ; que tout était prêt de son côté ; qu'il avait tout intérêt à gagner du temps, à précipiter les événements, à surprendre son adversaire dont les préparatifs étaient peut-être moins avancés que les siens.

Il faisait paraître aussitôt les ordres de mouvements, destinés à pousser ses troupes, le plus rapidement possible, à proximité des lieux où il désire livrer bataille. Ce qu'il veut c'est la bataille ; et non pas « la bataille ordinaire », mais la bataille décisive, tragique, couchant définitivement son adversaire sur le sol.

Dans ce but, il demande à ses troupes des

efforts surhumains pour gagner du temps sur ses ennemis, pour leur opposer plus d'hommes qu'ils n'en auront eux-mêmes; pour chercher soit à séparer leurs masses et à les écraser successivement, soit à atteindre leurs flancs ou leurs derrières....

C'est la manœuvre stratégique « napoléonienne », dont les campagnes d'Italie, d'Autriche et de Prusse, nous ont déjà montré de glorieux exemples. Il est le maître par excellence dans l'art de concevoir, d'organiser ces manœuvres; comme aussi de les mettre en train au moment précis où elles peuvent réussir, et d'en assurer l'exécution coûte que coûte, à force de volonté et d'énergie.

Il est également le maître incontesté en tactique, dans l'art de livrer bataille. Dès ses premiers combats en Italie, son prestige s'affirme et n'est plus discuté. Il a, au plus haut point, le don d'exciter le moral, l'entrain de ses troupes. Avant la bataille, il se montre aux soldats, et sait stimuler leur émulation par des ordres du jour qui sont des chefs-d'œuvre. Avant Austerlitz, il leur dit : « Soldats, il faut finir cette campagne par un coup de tonnerre qui confonde l'orgueil de nos ennemis. » Avant Iéna : « Soldats, l'armée prussienne est coupée comme celle de Mack l'était à Ulm. Cette armée ne combat plus que pour se faire jour et pour regagner ses communications.... Ne craignez pas cette cavalerie prussienne si vantée, opposez-lui des carrés fermés et la baïonnette!... »

Il aime et estime très haut notre soldat; il n'ignore pas qu'il est raisonneur, qu'il juge sévèrement ses chefs, qu'il a besoin d'être bien commandé; mais il sait aussi — c'est lui-même qui l'a dit — que le soldat français peut se battre à jeun; qu'il oublie de manger, si longue que soit la bataille, parce qu'il s'intéresse plus que tout autre au gain de la bataille, à la victoire; et qu'il en attribue toujours la plus belle part au corps dont il fait partie. « Les soldats des autres nations gardent leur poste par devoir. Le soldat français par honneur. La défaite l'humilie; son seul mobile, c'est l'honneur. » — Ce sont les propres paroles de Napoléon.

Souvent, dès le lendemain d'un combat, l'Empereur visite certains corps qui ont été plus fortement engagés; se fait indiquer par les colonels ceux qui ont été « les plus braves »; et leur remet séance tenante leurs récompenses. Il est adoré du troupier; les nombreuses légendes sur « le Petit Caporal » en font foi.

Il n'a pas de parti pris pour engager ses

batailles. Ses dispositions initiales sont variables ; elles dépendent des circonstances telles qu'elles se présentent, et surtout des mouvements précédents, de la manœuvre stratégique qui a amené les troupes à proximité de l'adversaire. Là, comme en stratégie, il a par-dessus tout le génie de l'offensive. Lorsque exceptionnellement il se défend comme à Rivoli, ou qu'il attend l'ennemi comme à Austerlitz, il ne tarde jamais longtemps à attaquer, et avec la plus grande énergie.

Dans l'ordre de bataille de ses troupes, on remarque toujours le principe si fécond du dispositif en profondeur : ses corps de première ligne ont derrière eux d'autres corps chargés de les soutenir ou de relever leurs efforts. La garde impériale et d'autres troupes restent dans sa main, formant la réserve générale. Il se ménage ainsi les moyens d'imposer sa volonté à l'ennemi d'un bout à l'autre de la bataille. Si ses premières dispositions qu'il prend parfois *a priori*, sans s'occuper des intentions de son adversaire, ne réussissent pas à faire plier la volonté de son adversaire, il a de quoi la briser brutalement à l'aide des masses que lui fournit la réserve générale.

Souvent, avant l'action, il réunit ses maréchaux pour leur donner verbalement ses ordres.

Ceux qui sont encore en marche reçoivent des instructions qui, tout en leur laissant une grande initiative, leur indiquent nettement le but de leur opération, le lieu et l'heure où il compte sur leur intervention.

Dès que l'action commence, il choisit son poste de commandement, au vu et au su de toute l'armée.

Les premiers corps s'engagent, et la bataille commence sous les yeux de l'Empereur, au milieu des clameurs, de la fusillade, de la canonnade : les uns gagnant du terrain sur l'adversaire à l'aide d'attaques violentes et répétées; les autres défendant à outrance les positions qu'on leur a confiées.

L'esprit de l'Empereur plane au-dessus des incidents et des péripéties de plus en plus sanglantes de la lutte. Il observe les mouvements de l'ennemi; il surveille et fait suivre, par les officiers de son état-major, les progrès de ses maréchaux; et surtout il guette l'entrée en action des corps qu'il a chargés de faire irruption, au milieu de la bataille, et de porter le trouble dans les dispositions de l'adversaire.

Tantôt, c'est un corps de deuxième ligne, qui déboîte brusquement et attaque violemment, en la débordant, une aile de l'ennemi; le plus souvent, c'est une troupe qu'il fait accourir de loin, et qui inopinément quand la lutte bat son plein vient tomber sur les flancs ou les derrières de l'adversaire. C'est « l'événement », la surprise jetant le trouble et l'inquiétude dans l'âme de l'ennemi, et le forçant à déplacer, à engager ses dernières réserves.

A ce moment, il donne rapidement ses derniers ordres; et brusquement il lance dans la mêlée des masses tirées de la réserve générale.

Ce sont alors de fortes et valeureuses batteries, qui courent se joindre à l'artillerie déjà engagée, et l'emmènent plus près encore de l'ennemi, pour vomir les boulets, la mitraille; ce sont de formidables colonnes d'infanterie, hérissées de baïonnettes, encadrant les meilleurs soldats du monde qui s'avancent, tambours battant, drapeaux flottant au vent, et entraînent nos premières lignes dans un élan que rien ne peut arrêter; ce sont des divisions, des corps entiers d'une cavalerie audacieuse, superbe, étincelante, qui surgissent tout à coup aux yeux de l'ennemi, et qui grandissant, faisant trembler le sol, se rapprochant avec une rapidité terrifiante, se précipitent bientôt à la charge. C'est l'acte décisif de la bataille, qui à l'heure et dans la direction, indiquée par l'Empereur, éclate comme l'ouragan, au milieu de la tempête, brisant, renversant, bouleversant tout sur son passage, et entraîne l'armée entière dans une attaque générale, irrésistible.

Telle est la « bataille napoléonienne », la bataille violente, tragique par excellence, que l'on retrouve plus ou moins complète à toutes les époques de la carrière de l'Empereur.

Quelquefois, quand il espère pouvoir amener pendant l'action de très gros détachements sur les derrières de l'ennemi, son plan de bataille consiste à écraser l'adversaire, comme entre les deux branches d'une gigantesque tenaille ; c'est ce qu'il a cherché à obtenir à Iéna. Le hasard des événements a voulu que les masses ennemies se soient portées, ce jour-là, au-devant des deux branches de notre tenaille ; mais celles-ci ont suffi, chacune de son côté, pour briser leurs adversaires et les rejeter pêle-mêle les uns sur les autres.

Quel que soit son plan, il a un coup d'œil, un art admirables pour déterminer le moment précis où il faut donner le signal de mettre en mouvement les masses qui vont ouvrir la brèche dans les formations de l'ennemi, et décider la bataille. Deviner, fixer l'instant précis où il faut « déclancher » ses forces, c'est, en tactique comme en stratégie, la partie délicate, difficile, « divine », du rôle de chef d'armée. Napoléon y excelle.

« Ma supériorité dans les batailles. a-t-il dit souvent, tient à ce que je pense plus vite que les autres. » Pour penser vite et clair, comme il l'a fait pendant toute sa carrière, pour rester calme, ne jamais désespérer au milieu des circonstances difficiles, confuses de la guerre, il lui a fallu, outre la vivacité, la pénétration de son esprit, une force d'âme, une sérénité d'esprit extraordinaires. Il lui a fallu aussi la foi dans son étoile.

Il n'aurait pas été homme d'action, s'il n'avait pas eu confiance dans sa destinée. L'homme n'agit énergiquement que s'il croit au succès. On a dit que Napoléon était joueur et qu'il aimait tenter la fortune ; c'est vrai, mais quand il entamait une partie, il avait soin de mettre tous les atouts dans son jeu ; quand il « lançait les dés », tout était préparé, étudié pour écraser son adversaire.

On a, souvent aussi, comparé Napoléon aux grands hommes de guerre de l'histoire : Alexandre, Annibal, César, Condé, Turenne, Frédéric. Il semble que c'est Annibal qui se rapproche le plus de notre empereur.

Annibal était le fils d'un des capitaines les plus distingués de Carthage. Dès l'âge de neuf ans, il accompagnait son père dans toutes ses expéditions. A vingt ans, il commandait la cavalerie de l'armée d'Espagne; puis il devint commandant en chef de cette armée et se consacra à l'organiser, à l'instruire, à l'entraîner pour la lutte contre l'ennemi héréditaire, contre Rome. Lorsqu'il traversa les Alpes pour s'attaquer aux Romains, il était entièrement prêt; à ce moment, il avait vingt-neuf ans : deux ans de plus que Napoléon, quand, vingt siècles après, celui-ci fit à son tour irruption en Italie. Mais quelle différence entre la situation personnelle des deux chefs : l'un beau, superbe, riche à millions, soutenu par le renom de son père et par sa propre réputation déjà bien assise; l'autre petit, maigre, chétif, négligé dans sa tenue, « ayant plutôt l'air d'un mathématicien que d'un général », sans prestige, sans passé; ayant fait son instruction militaire sur des livres et n'ayant jamais commandé, en propre, même une division!

Et cependant, ils obtiennent tous les deux, dans les mêmes contrées, des succès aussi éclatants les uns que les autres. Il semble même que Napoléon a surpassé son illustre devancier, dès sa première campagne. Et plus tard, il se placera encore d'avantage au-dessus de lui par d'autres succès surprenants, et par sa manière énergique, violente, foudroyante de concevoir la guerre. Napoléon est incontestablement le grand maître de la guerre, le chef d'armée le plus extraordinaire, le plus complet que la terre ait jamais produit.

*
* *

Après Iéna, après la poursuite acharnée, admirable, des débris de l'armée prussienne, la plupart des corps de la Grande Armée étaient fatigués et auraient eu besoin de se refaire à tous égards. Les maréchaux eux-mêmes auraient désiré un peu de repos; quelques-uns s'étaient surmenés et tombèrent malades. L'opinion publique en France désirait, elle aussi, la paix. Mais Napoléon avait hâte d'en finir. La Prusse était par terre; il fallait l'achever, et venir à bout, sans se laisser arrêter par l'hiver, de son alliée la Russie.

Dès le mois de novembre, il reprend l'offensive, et pousse son armée vers la Vistule; Davout, Augereau et Lannes en première ligne; Soult, Ney, Bernadotte, et les réserves en deuxième ligne.

A l'arrivée des Français, les Russes évacuent Varsovie et se retirent derrière la Narew et l'Ukra. Napoléon veut les suivre, mais il est gêné par le temps qui est affreux; alors après les combats de Pultusk de Golymin, de Soldau, il se décide à faire prendre aux troupes leurs quartiers d'hiver, de Varsovie, à Elbing. — 1er janvier 1807.

Pendant ce temps, la Pologne est en ébullition ; elle sollicite sa reconstitution ; quoique au faîte de sa puissance, à l'apogée de son génie, Napoléon hésite. Il sent les difficultés de cette énorme question, qui aurait pu soulever des guerres sans fin. Tout en distribuant des armes aux Polonais, tout en créant un gouvernement provisoire dans la Pologne prussienne, il évite de prendre des engagements avec les Polonais russes, et rassure l'Autriche sur ses possessions de la Galicie. Il sent qu'il aura besoin d'être tranquille de ce côté, pour obtenir la réalisation complète de sa grande idée de fermer le continent aux Anglais.

Le général en chef russe, Benningsen, n'est pas homme à laisser longtemps nos troupes au repos. Dès le 18 janvier, il reprend l'offensive et cherche à envelopper Bernadotte à notre extrême gauche, sans y réussir. Napoléon met ses corps en mouvement pour arrêter et tourner les Russes. De là, la bataille d'Eylau, une des plus sanglantes de l'histoire. Benningsen avait surpris le plan de Napoléon, et en avait profité pour masser ses troupes et provoquer la bataille plus tôt que ne s'y attendait l'Empereur. Les corps de Napoléon sont encore dispersés pour la manœuvre; il n'a sous la main que le corps de Soult, la garde et la cavalerie de Murat, au début de la journée. Puis, arrive Augereau; puis Davout. Benningsen dispose immédiatement de toutes ses forces. De part et d'autre, les attaques sont poussées énergiquement et repoussées, mais en occasionnant des pertes énormes. Il fait un temps affreux qui paralyse l'ardeur de nos soldats. Ney aurait dû arriver sur les derrières de l'adversaire, et produire « l'événement »; mais il était trop loin. Le corps d'Augereau est alors porté en avant contre le centre ennemi; aveuglé par la neige, il prend mal sa direction et se fait écraser. La cavalerie de Murat sauve la situation; lancée tout entière par Napoléon dans une charge des plus émouvantes, des plus meurtrières, elle enfonce le centre de l'ennemi, le dépasse, et en revenant passe une nouvelle fois sur le corps de nos adversaires; à ce moment, on entend le canon de Ney sur la droite des Russes. La journée est sauvée. Nous bivouaquons sur l'atroce champ de bataille, couvert de morts et de blessés. Benningsen se retire en ordre pendant la nuit. — 7 février 1807. .

Napoléon fait reprendre aux troupes leurs quartiers d'hiver, pendant que le maréchal Lefebvre fait le siège de Dantzig; à la suite de longs et pénibles efforts, cette grande place forte tombe entre nos mains, le 24 mai.

La campagne contre les Russes ne reprend qu'au commencement de juin; Napoléon manœuvre pour envelopper Benningsen dans son camp retranché de Heislberg; mais les Russes se retirent à temps sur la rive droite de l'Alle. Bientôt, ils repassent la rivière à Friedland et s'installent à nouveau sur la rive gauche.

En exécutant les mouvements prescrits par l'Empereur, Lannes se heurte aux Russes près de Friedland; il prévient immédiatement Napoléon, qui, après avoir rapidement donné ses ordres pour concentrer ses corps vers Friedland, accourt au galop, en longeant les troupes. Dès qu'il est sur les lieux, il fait réunir les généraux de Lannes et de Ney, examine à la lunette les positions occupées par les Russes, et se décide à livrer bataille immédiatement, malgré l'heure avancée de la journée. « On ne surprend pas deux fois, dit-il, l'ennemi en pareille faute. » Puis, il dicte ses dispositions, séance tenante, expliquant à chacun son rôle. — Les Russes tournaient le dos à l'Alle et appuyaient leurs ailes à deux coudes de la rivière; leur gauche était au delà d'un ravin, en avant de Friedland et des ponts. — Saisissant le bras du maréchal Ney, et lui montrant Friedland, les

BATAILLE DE FRIEDLAND,
par Horace Vernet (Musée de Versailles.)

Photo. Hachette et Cⁱᵉ.

ponts, toute la gauche des Russes accumulée en avant, l'Empereur lui dit : « Voilà le but, maréchal, marchez-y. Enfoncez ces masses ; prenez les ponts, sans regarder autour de vous, sans vous préoccuper de ce qui se passera à droite, à gauche, en arrière ; l'armée et moi sommes là pour y veiller…. » Et quand Ney s'éloigna, le regard enflammé, fier de sa grande et périlleuse mission, Napoléon le regarda s'en aller, et dit au maréchal Mortier : « Cet homme-là est un lion. »

Ney se conduisit en effet comme un lion. Aidées par le corps de Victor qui attaque, précédé par son artillerie si remarquablement, si énergiquement commandée par Sénarmont, les troupes de Ney enfoncent les formations de la gauche ennemie et s'emparent de la ville et des ponts ; pendant que Napoléon, qui jusque-là n'a fait que menacer le centre et la droite russes, les fait attaquer vigoureusement, dès que le succès de Ney se prononce, et les rejette sur l'Alle. La perte des Russes est de 25 000 hommes. — 14 juin.

Bientôt après cette admirable journée, Kœnigsberg tomba entre nos mains ; Napoléon poussa jusqu'au Niémen. Les Russes demandèrent un armistice qui fut accordé ; et les deux souverains convinrent de se rencontrer. La première entrevue eut lieu le 25 juin, sur un radeau construit au

milieu du fleuve. Les deux empereurs s'embras-
sèrent aux acclamations enthousiastes de leurs
soldats rangés sur les deux rives du fleuve; puis
ils prirent séjour à Tilsitt, et se traitèrent pendant vingt jours, avec les plus vives marques
d'amitié. Le roi de Prusse vint les rejoindre, avec
la reine Louise, mais il fut complètement sacrifié
par son ancien allié.

Un traité de paix fut signé, le 7 juillet, par les
deux empereurs. Il stipulait notamment la formation du grand-duché de Varsovie, et du royaume
de Westphalie au détriment de la Prusse; la
reconnaissance des royaumes de Naples, de
Hollande, de la confédération du Rhin...; l'acceptation de la médiation de l'empereur de Russie
pour arriver à la conclusion de la paix avec
l'Angleterre; et celle de Napoléon pour la conclusion de la paix avec la Porte....

Les deux souverains se communiquèrent en outre
leurs projets d'avenir, et se firent, dit-on, des promesses : Napoléon au sujet des intentions du tsar
sur la Finlande et Constantinople; Alexandre au
sujet des projets de Napoléon sur l'Espagne, et de
la prochaine participation de la Russie au système
du blocus continental dirigé contre l'Angleterre.

La paix, les conférences mystérieuses, affec-
tueuses de Tilsitt eurent dans l'Europe un reten-

tissement énorme. La France exultait de joie, d'admiration. Quand l'Empereur rentra à Saint-Cloud les grands corps de l'État vinrent le complimenter et lui adressèrent des félicitations hyperboliques : « On le mit au delà de l'histoire, au-dessus de l'admiration.... L'amour seul pouvait s'élever jusqu'à ce souverain, qui appartenait aux temps héroïques.... »

Et de fait, la Prusse, l'Autriche étaient abattues, la Russie s'alliait à nous. L'Europe entière était aux pieds de l'Empereur. L'Angleterre paraissait vaincue. Le grand édifice européen, construit par Napoléon contre son ennemi acharné, était debout. Sans doute, il reposait sur des bases fragiles, dangereuses même ; mais il existait ; et si des secousses ne venaient pas l'ébranler bientôt, le génie de Napoléon aurait le temps de le consolider, de l'étayer.

Malheureusement ces secousses, si à craindre pour une construction gigantesque, peu solide encore, ne tardèrent pas à se produire ; et elles partirent de l'Espagne pour se propager dans toute l'Europe.

CHAPITRE VI

L'ESPAGNE. — WAGRAM

La noblesse héréditaire de l'Empire. ‖ En entreprenant la campagne d'Espagne, Napoléon commet sa faute capitale, cause essentielle de ses futurs malheurs. ‖ La capitulation de Baylen. ‖ L'entrevue d'Erfurt. ‖ L'Autriche se dresse a nouveau contre nous. ‖ Eckmuhl. ‖ Essling. Wagram.

Pendant la dure campagne de 1806-1807, Napoléon n'avait pas cessé de s'occuper de l'administration de la France; il avait même mis de la coquetterie à dater d'un champ de bataille, ou d'une ville conquise, des décrets ayant trait aux affaires intérieures les plus pacifiques de l'Empire, aux routes, à l'instruction publique, aux finances.... Rentré à Paris, il s'en occupa avec plus d'activité encore. C'est à cette époque qu'il supprima le Tribunat, et qu'il institua la noblesse héréditaire de l'Empire; mesures qui soulevèrent bien des critiques.

Les événements extérieurs ne tardèrent pas à attirer son attention. La Suède rompit l'armistice contre nous; la flotte anglaise bombarda une nouvelle fois Copenhague. La Russie profita de ces circonstances pour envahir et occuper la Finlande. Napoléon de son côté voulut riposter aux Anglais; et il mit à exécution ses projets sur l'Espagne.

Le Portugal était allié aux Anglais. L'Espagne nous était favorable, tout au moins en apparence; mais elle était entre les mains d'un souverain sans valeur aucune, qui laissait gérer les affaires de l'État par l'amant de sa femme, l'aventurier Godoï. La faiblesse, la dégradation de ce gouvernement ne donnaient à l'Empereur aucune garantie pour la sécurité de ses derrières, dont il avait absolument besoin pour ses opérations en Allemagne, et pour la réalisation de son système continental contre l'Angleterre.

Après quelques hésitations, il se décida à s'emparer d'abord du Portugal et ensuite de l'Espagne. D'accord avec l'Espagne, il procéda à l'occupation du Portugal. Junot fut dirigé sur Lisbonne avec une armée de 25 000 hommes; et sans tirer une cartouche occupa la capitale du Portugal. La cour et la noblesse s'enfuirent au Brésil.

Immédiatement, quatre corps français occupèrent le Nord de l'Espagne, du Douro à la Catalogne, sous le prétexte de soutenir Junot. Un cinquième corps fut mis en réserve à Bayonne. Murat vint prendre le commandement en chef de ces troupes.

Pendant ce temps, la cour d'Espagne était agitée par des disputes de familles scandaleuses. Le fils aîné du roi Charles IV, Ferdinand, s'était mis à la tête du parti qui voulait renverser le favori Godoï. Le roi l'accusa de vouloir le détrôner, et écrivit dans ce sens à l'Empereur. Ferdinand de son côté demanda la protection de Napoléon.

L'Empereur en profita pour déclarer qu'il avait l'intention de réunir tout le Nord de l'Espagne, jusqu'à l'Èbre, à l'Empire français. Stupéfaite, la cour d'Espagne voulut s'embarquer et s'enfuir comme celle du Portugal. Une insurrection éclata pour empêcher ce départ; Godoï fut destitué. Charles IV abdiqua; Ferdinand fut proclamé roi d'Espagne.

A la nouvelle de ces événements, Murat vint occuper Madrid. Le vieux roi et Ferdinand le prirent pour arbitre chacun de son côté; le premier protestant contre son abdication forcée; l'autre réclamant l'appui de la France.

Prévenu par Murat, Napoléon vint s'installer aux portes de Bayonne, au château de Marrac, où il séjourna plusieurs semaines, voulant diriger lui-même cette affaire, dont il sentait toutes les difficultés. Charles IV et son fils furent attirés à Bayonne, pour voir régler leur différend; en réalité, pour subir une pression qui les amena tous deux à signer un acte de renonciation au trône d'Espagne; puis ils furent relégués, le roi, la reine et Godoï, à Marseille; Ferdinand à Valençay.

Une insurrection, violemment réprimée par Murat, éclata à Madrid, avant même la renonciation. Elle n'empêcha pas Napoléon de nommer, après quelques formalités sans valeur, son frère Joseph roi d'Espagne. Murat le remplaça sur la trône de Naples.

Aussitôt, l'Espagne tout entière fut en feu, et se souleva énergiquement contre l'envahisseur. Napoléon s'était trompé gravement sur les sentiments de ce peuple; en le voyant supporter l'avilissement de son gouvernement, il avait cru qu'il se désintéressait des choses de l'État, qu'il supporterait la domination étrangère. La nation espagnole répondit à son usurpation en se levant avec indignation pour réclamer son roi légitime, pour défendre la Patrie. La résistance prit immédiatement un caractère sauvage, farouche, implacable, dû au passé de l'Espagne, aux traditions léguées par huit siècles de luttes sans merci contre d'autres envahisseurs, contre les Maures. Et malheureusement, cette attitude fière, courageuse, héroïque, non seulement nous a coûté beaucoup d'efforts, beaucoup d'hommes dans la Péninsule ; mais a donné l'exemple aux autres nations de l'Europe, en leur montrant ce que peut un peuple valeureux, décidé à se sacrifier pour sauvegarder son indépendance. Toutes les difficultés, les désastres de la fin de l'Empire ont eu pour point de départ la guerre d'Espagne. C'est la faute capitale de Napoléon.

Il n'y a pas à chercher à l'excuser. Il l'a reconnu lui-même dans ses confidences de Sainte-Hélène : « J'embarquai mal cette affaire, a-t-il dit ; l'immoralité se montra par trop patente, l'injustice par trop cynique ; l'attentat se présenta dans sa hideuse nudité, privé de tout le grandiose et des nombreux bienfaits qui remplissaient mon intention. La guerre d'Espagne a été une véritable plaie, et la cause première des malheurs de la France. C'est ce qui m'a perdu.... Elle a divisé, usé mes forces.... »

Le soulèvement si énergique du peuple espagnol fut dirigé par des juntes insurrectionnelles qui s'établirent dans toutes les provinces. La junte de Séville s'intitula junte suprême, et déclara une guerre à mort à la France jusqu'au rétablissement des Bourbons.

Nos troupes divergent pour réprimer le soulèvement. Partout nos armes sont victorieuses. Le général Dupont est alors envoyé vers le foyer de la résistance, vers le Sud; il pousse jusqu'à Cordoue, puis rétrograde pour rejoindre des renforts; mais la junte de Séville a réussi à mettre sur pied une nombreuse armée; Dupont est entouré et signe la honteuse capitulation de Baylen qui nous enlève 18 000 de nos soldats.

Ce douloureux événement surexcita l'Espagne, démoralisa notre armée. De toutes parts, nos troupes se replièrent. Joseph évacua Madrid et se retira derrière l'Èbre. Les Anglais débarquèrent une armée en Portugal, sous le commandement de Wellesley, qui devint plus tard le duc de Wellington, et qui força Junot à signer la convention de Cintra et à évacuer le Portugal. En Europe, Baylen eut un retentissement énorme; et donna de l'espoir à tous ceux, et ils étaient nombreux, qui avaient à se plaindre de la domination française.

Napoléon sentit vivement la honte de la capitulation de Baylen; il en comprit toute la portée; et prit, dès ce moment, la décision de diriger la « Grande Armée » sur l'Espagne, et de se mettre à sa tête. Mais auparavant il lui fallait assurer ses derrières en Europe. C'est de là qu'est venue la célèbre entrevue d'Erfurt. — Septembre 1808.

L'empereur de Russie accepta avec empressement de se rencontrer une nouvelle fois avec Napoléon. Les deux grands souverains se fêtèrent mutuellement pendant dix-huit jours, au milieu d'une cour de rois, et se réunirent dans la plus grande intimité pour convenir de leurs affaires : Napoléon reconnut à la Russie la possession de la Finlande, de la Moldavie, de la Valachie, il promit de ne pas augmenter le duché de Varsovie. De son côté, Alexandre reconnut les faits accomplis en Espagne et en Italie, et promit, en cas de déclaration de guerre contre l'Autriche, d'intervenir contre elle avec 150 000 hommes.

Tranquille sur la situation de l'Europe, où il croyait avoir assuré le calme pour plusieurs années, Napoléon fit évacuer l'Allemagne à la « Grande Armée », ne laissant que 50 000 hommes dans les places maritimes avec Davout, et 24 000 à Francfort. Les autres corps furent dirigés sur l'Espagne. L'Empereur rejoignit lui-même le roi Joseph à Vittoria et prit la direction des opérations.

Immédiatement, elles devinrent actives, énergiques. Les forces ennemies comprenaient 125 000 Espagnols et 40 000 Anglais. Elles furent battues, repoussées dans toutes les directions;

après Burgos et Sommo-Sierra, Napoléon entra en combattant dans Madrid ; puis il marcha sur l'armée anglaise de Moore qui, après avoir été battue par Soult, à la Corogne, fut rejetée à la mer. De toutes parts, les maréchaux ont des succès. Lannes emporte Saragosse après un siège horrible de deux mois ; pendant lequel les habitants se conduisent glorieusement, disputant leurs maisons pied à pied avec un acharnement sans pareil, et périssant, les armes à la main, au nombre de 30 000. — 21 février 1809.

Partout, nous sommes vainqueurs ; mais partout, la guerre au couteau, « la guerilla », se poursuit avec une sauvage énergie. Il aurait fallu pour la terminer, pendant plusieurs mois encore, l'intervention personnelle de l'Empereur. Mais alors, les nouvelles de l'Allemagne deviennent mauvaises : l'Autriche fait de grands préparatifs de guerre. Celles de Paris sont aussi loin d'être bonnes : la France est lasse de la guerre ; l'opinion publique se monte contre la guerre d'Espagne, si injuste, si meurtrière ; l'opposition paraît dirigée par Talleyrand.

L'Empereur abandonne brusquement l'Espagne, après avoir nommé Joseph généralissime des armées, avec Jourdan comme chef d'état-major. Le rôle direct de Napoléon en Espagne est terminé. Il n'y reviendra plus.

Après son départ, ses lieutenants Soult, Ney, Masséna, Marmont... feront de grands efforts, énergiques, mais parfois mal coordonnés. Nos troupes seront vaillantes, infatigables. Mais l'armée anglaise, cantonnée en Portugal comme dans une citadelle inexpugnable, bien commandée par Wellington, saura attendre son heure, pour en profiter énergiquement dès qu'elle se présentera. Alors, elle envahira l'Espagne, luttera vaillamment contre nos armées, pour rentrer, quand il le faudra, en Portugal et recommencer de plus belle.... Et finalement, elle lassera, usera nos troupes, d'autant plus facilement que Napoléon y puisera de nombreux éléments pour ses autres guerres. Elle les repoussera définitivement de l'Espagne, en 1813 et 1814, pour les suivre, ayant à leur tête le maréchal Soult, le long des Pyrénées jusqu'à Toulouse.

L'Empereur surveillera, dirigera de loin ces efforts, s'irritant quand ses lieutenants échoueront par défaut d'entente; et se plaindra de ne plus trouver, parmi ses maréchaux, d'hommes complets comme Desaix, Kléber. Il en avait un sous la main, c'était le maréchal Suchet qui, avec une énergie, une habileté, une élévation de caractère remarquables, réussit après plusieurs victoires et sièges mémorables, à pacifier tout l'Est de l'Espagne. L'Empereur reconnut bien haut les talents éminents du maréchal, en le nommant duc d'Albuféra, puis colonel général de la garde impériale. Il était malheureusement trop tard pour employer ces talents exceptionnels à la direction générale des affaires d'Espagne.

Napoléon avait l'âme trop haute pour ne pas sentir vivement les amertumes de cette guerre néfaste, dans laquelle il s'était donné le mauvais rôle. Il en fut incontestablement lassé, énervé, écœuré, dès 1808; porté à chercher ailleurs des compensations, dans des luttes plus dignes de sa renommée et de son génie. Et c'est, pour échapper aux préoccupations inextricables de la guerre d'Espagne, qu'il se lancera plus tard dans la lointaine et désastreuse expédition de Russie....

*
* *

Après avoir laissé le haut commandement de l'armée d'Espagne à son frère Joseph, Napoléon s'éloigna de la péninsule de très méchante humeur, et très rapidement. Il fit la route de Vittoria à Bayonne à franc-étrier, brusqua les troupes qu'il rencontra sur son passage; et continuant son voyage en poste, il arriva à Paris, le 22 janvier 1809.

Dès le lendemain, en plein conseil, il fit une scène des plus violentes à Talleyrand, le menaçant du poing, et lui disant : « Ah, vous êtes étranger à la mort du duc d'Enghien ! mais vous oubliez que vous me l'avez conseillée par écrit ! Étranger à la guerre d'Espagne ! mais vous oubliez donc que vous m'avez conseillé dans vos lettres de recommencer la politique de Louis XIV, que vous avez été l'intermédiaire de toutes les négociations qui ont abouti à la guerre actuelle ! » Et le jour suivant, il lui enleva ses fonctions de grand chambellan.

Malgré les protestations d'amitié de l'ambassadeur d'Autriche, M. de Metternich, l'Empereur ne tarda pas à apprendre que l'Autriche, se sentant soutenue par l'Angleterre, et par l'opinion publique européenne, faisait de grands préparatifs militaires. Elle mit sur pied onze corps d'armée de première ligne; un en Gallicie, deux en Italie; huit dans la vallée du Danube sous le commandement de l'archiduc Charles.

Tout en étant gêné par les événements d'Espagne, Napoléon répondit en concentrant le corps de Davout vers Ratisbonne, ceux d'Oudinot et de Masséna vers Augsbourg, le corps wurtembergeois commandé par Vandamme à Rain, le corps bavarois commandé par Lefebvre sur l'Iser. Bernadotte formait un autre corps avec les Saxons; Bessières une réserve de cavalerie composée surtout de régiments allemands. La garde impériale accourut en poste d'Espagne. Le maréchal Berthier commanda provisoirement cette armée, en attendant l'Empereur, pour opérer contre l'archiduc Charles. D'autres troupes, de nations étrangères surtout, furent concentrées pour agir en Galicie, en Italie. Marmont se tenait prêt, en Dalmatie, à donner son concours.

L'archiduc Charles commença les hostilités le 6 avril, en franchissant l'Inn et abordant l'Iser, avec six corps d'armée. Ses deux autres corps étaient sur la rive gauche du Danube. Il battit les Bavarois à Landshut, et manœuvra pour couper le corps de Davout, qui était vers Ratisbonne, du restant de notre armée. Ses mouvements, bien heureusement, furent loin d'être rapides.

L'Empereur fut surpris. Il était encore à Paris, le 12 avril 1809, et dînait aux Tuileries, lorsqu'on lui apporta la dépêche annonçant le passage de l'Inn par les Autrichiens. Il donna aussitôt ses ordres pour le départ, régla les affaires du gouvernement, organisa la régence et partit dans la nuit pour Strasbourg, avec l'impératrice Joséphine. Les détails de ce voyage en poste ont été consignés dans les journaux ou relations de l'époque; ils méritent d'être rappelés, car ils mettent bien en relief l'activité extraordinaire, et le calme, le sang-froid de l'Empereur dans des circonstances qui ne laissaient pas que d'être troublantes :

Napoléon arriva à Strasbourg, le 15 avril, et y reçut les dernières nouvelles de l'armée. Il expédia un grand nombre d'ordres, vit son grand espion habituel, Schulmeister, et lui donna ses instructions, fit ses adieux à l'Impératrice et se remit en route; à Ludwigsburg, il rencontra le roi de Wurtemberg, et la princesse de Bade, qui avaient organisé une fête, au milieu d'un concours énorme d'Allemands accourus de toutes parts pour voir le puissant souverain, « le grand homme ». Mais il s'arrêta peu; et continua son chemin, recevant des courriers à tous les arrêts. Le 17, à cinq heures du matin, il est à Dillingen, réveille, gourmande le roi de Bavière qui s'est sauvé de Munich; et arrive enfin, vers huit heures à Donauwerth, où il reçoit immédiatement Berthier, pour prendre en main le commandement de l'armée.

La situation est pleine de difficultés, grosse d'inquiétudes; mais il voit immédiatement comment y parer. Il devine le but des mouvements de son adversaire, et donne des ordres pour la manœuvre de Landshut; une des plus belles, des plus intéressantes, des plus instructives de sa carrière, et qui malgré cela, fut loin de réussir complètement. Les combinaisons de la guerre ne peuvent pas être résolues comme des problèmes de géométrie; il y entre toujours des éléments indéterminés, inconnus, comme les intentions de l'adversaire, qui peuvent ne pas cadrer avec celles qu'on lui prête d'après les probabilités. La chance joue donc, quoiqu'on fasse, un rôle incontestable dans les choses de la guerre. Elle a été souvent favorable à Napoléon; elle lui fut peu utile dans les commencements de cette belle campagne de 1809; les décisions prises par l'archiduc Charles ne furent pas celles que Napoléon était en droit de supposer.

Il avait pensé que les Autrichiens prendraient nécessairement leur ligne de retraite sur Vienne, par la rive droite du Danube sur laquelle était la plus grande partie de leur armée; et profitant de ce qu'ils s'étaient avancés pour couper Davout, il aurait voulu, en massant le gros de ses forces vers Landshut, les prendre et les écraser dans une tenaille dont la grosse branche serait entre ses mains à Landshut, et l'autre dans les mains énergiques de Davout.

Au lieu de cela, l'archiduc réussit à s'emparer de Ratisbonne, et prit sa ligne de retraite par cette ville, la rive gauche du Danube et la Bohême. Napoléon ne trouva que peu de monde à Landshut. Les masses des Autrichiens se portèrent sur Davout qui se couvrit de gloire à Eckmühl, avec ses immortelles divisions, comme il l'avait fait à Auerstaedt en 1806. Napoléon accourut à son secours. La bataille d'Eckmühl fut un succès éclatant pour nos armes; mais elle ne fut pas décisive, écrasante. L'armée de l'archiduc avait fait de grosses pertes; mais elle se retira en bon ordre, et se trouva bientôt en Bohême dans d'excellentes conditions pour se refaire entièrement.

La guerre était loin d'être finie. Pour la terminer, il devenait nécessaire de livrer une autre bataille. Napoléon alla la chercher à Vienne, par la rive droite du Danube. Il entra le 10 mai, dans la capitale de l'Autriche, et s'occupa immédiatement de passer le Danube, pour aller aborder sur la rive gauche l'archiduc Charles et toute son armée.

Traverser un fleuve, comme le Danube, à la fin de la saison d'hiver, en présence d'une armée ennemie d'égale force, était une opération de guerre des plus difficiles, des plus hasardées.

Napoléon la tenta néanmoins immédiatement, comptant surprendre son adversaire, comptant sur son étoile, sur la valeur de ses troupes.

Lannes fut envoyé en amont de Vienne pour faire un simulacre de passage. Masséna s'installa dans l'île de Lobau, en aval, et prépara le passage véritable qui commença le 20. Le 21, la moitié de l'armée avait traversé le fleuve, lorsqu'elle fut violemment attaquée par l'archiduc Charles. Nos troupes se défendirent avec la plus grande énergie, et malgré la supériorité numérique des Autrichiens, maintinrent leurs positions à Aspern et à Essling, sous le commandement des maréchaux Masséna et Lannes. Le passage ayant continué dans la nuit, Napoléon se trouva le 22 à la tête de 60 000 hommes, sur la rive gauche; il prit l'offensive, et porta Lannes en avant contre le centre autrichien. Le mouvement réussissait, lorsqu'il fut arrêté net par un ordre de l'Empereur. La fortune était contre nous. Une crue subite du Danube avait rompu les ponts.

La bataille se poursuivit acharnée. L'effort des Autrichiens se porta surtout sur Essling, qui fut pris et repris treize fois. Une canonnade effroyable nous fit subir d'énormes pertes; la plus cruelle fut celle du vaillant, glorieux maréchal Lannes, blessé à mort par un boulet.

Pendant la nuit, les troupes purent repasser dans l'île de Lobau. C'était un échec; il eut, sous le nom de bataille d'Aspern, un retentissement énorme en Europe. Joint aux événements d'Espagne, il encouragea toutes les espérances.

Avec une énergie qu'on ne saurait trop admirer, l'Empereur se décida immédiatement à réagir contre cette impression, en recommençant le passage de vive force, au même endroit, dès qu'il aurait pu prendre toutes les précautions matérielles pour éviter une nouvelle rupture, et qu'il aurait pu renforcer son armée. L'artillerie et le génie rivalisèrent d'ardeur pour préparer de nouveaux ponts, et pour armer l'île d'une forte et nombreuse artillerie capable de contribuer efficacement à la défense. L'armée fut renforcée par le corps saxon du maréchal Bernadotte, par les troupes du prince Eugène arrivant d'Italie, et par celles de Marmont arrivant de Dalmatie. Bientôt l'Empereur disposa de 150 000 hommes et 500 canons de campagne, contre les 140 000 hommes et 400 canons de l'archiduc.

Le nouveau passage eut lieu dans la nuit du 4 au 5 juillet; Napoléon trompa les Autrichiens en faisant jeter brusquement les nouveaux ponts

BATAILLE DE WAGRAM,
par Horace Vernet. (Musée de Versailles.

Photo. Hachette et Cie.

à l'est de l'île, en face d'Enzersdorf. Le 5 au matin, toute l'armée fut sur la rive gauche. L'archiduc a pris position derrière le Russbach, son centre à Wagram.

Napoléon porte son armée en avant le jour même. La nuit interrompt la bataille; elle reprend violemment le lendemain 6 juillet. C'est la grande journée de Wagram.

L'archiduc, dont les troupes forment un grand arc autour des nôtres, attaque énergiquement par ses deux ailes. Son action principale est dirigée contre notre aile gauche, commandée par Masséna; il veut la forcer et arriver aux ponts pour nous couper la retraite. De notre côté, c'est la bataille « napoléonienne » classique, dans toutes ses phases, dans toute sa violente énergie. Masséna reçoit l'ordre de défendre son terrain pied à pied, de se faire aider au besoin par la grosse artillerie de l'île. Le combat se poursuit violemment de ce côté et sur tout le front de l'armée. « L'événement » est produit, à notre extrême droite, par Davout qui déborde et tourne la gauche ennemie, attirant de ce côté ses réserves. Alors, l'Empereur lance Macdonald dans une attaque centrale formidable, préparée par le déploiement de cent bouches à feu. Rien ne résiste à la poussée écrasante des lourdes colonnes de Macdonald. La brèche est faite au centre des formations ennemies, pendant que Masséna se reporte en avant, et que de toutes parts l'armée reprend l'attaque dans un élan irrésistible.

La bataille était gagnée. Les pertes furent énormes des deux côtés. L'armée autrichienne se retira en bon ordre. Notre avant-garde commandée par Marmont l'atteignit à Znaïm; la lutte allait recommencer lorsque l'armistice fut demandé et accordé.

Napoléon s'installa à Schœnbrünn pendant les négociations. La paix fut dure pour l'Autriche, et lui imposa de nombreuses cessions de territoire. La rigueur de ces conditions fut encore aggravée par la mutilation de Vienne dont l'Empereur fit sauter les remparts. Cette humiliation fut vivement ressentie dans toute l'Allemagne, dont les sociétés secrètes répondirent en envoyant à Schœnbrünn un jeune fanatique Stabs, qui tenta d'assassiner Napoléon, et fut jugé, condamné. Il fut fusillé, en criant à pleins poumons : « vive la liberté! vive la Germanie! » La guerre n'était plus une lutte de gouvernements; les peuples intervenaient contre la France.

CHAPITRE VII

LE DIVORCE. — LA GUERRE DE RUSSIE

La situation de la France était extraordinaire à l'issue de la guerre d'Autriche. Enivrée de gloire, fière, heureuse de se voir respectée, enviée jusqu'aux extrémités du monde, elle oubliait qu'elle n'avait plus de liberté, qu'elle s'était donnée tout entière à un seul homme, que ses destinées ne lui appartenaient plus ; et ne songeait qu'à la grandeur éblouissante de l'Empire, à l'Europe soumise, dominée par nos armes. Elle admirait la prodigieuse activité de son empereur, que rien ne lassait, même les guerres les plus émouvantes. Elle le voyait s'occupant non seulement de l'administration, des finances du pays, mais des sciences, des arts, des lettres, créant des monuments grandioses, ayant une cour magnifique, donnant des fêtes superbes.... Sans doute, l'Espagne résistait encore; mais le restant de l'Europe était aux pieds de l'Empereur; l'Autriche avait essayé de lever la tête, elle venait d'être écrasée. Le pape avait voulu résister; ses États avaient été envahis; il était maintenant le prisonnier de Napoléon à Savone; et bientôt à Fontainebleau. Comment ne pas être ébloui par cette toute-puissance qui brisait toutes les résistances, même les plus vénérables!

Napoléon sentit, mieux que la nation, que les bases de cet édifice prodigieux étaient peu solides, que la soumission de l'Europe était factice, qu'elle cachait bien des rancunes, bien des haines; qu'en France même son œuvre dynastique était éphémère, puisqu'il n'avait pas d'héritier; qu'un mariage, avec la fille d'une des grandes maisons souveraines de l'Europe, affermirait et sa puissance en France, et sa situation en Europe. Il se décida à rompre les liens qui l'unissaient à Joséphine. Après un conseil de famille, le divorce fut prononcé par un sénatus-consulte, et le mariage religieux annulé.

IMPÉRATRICE JOSÉPHINE,
d'après le Portrait de Gérard. (Musée de Versailles.)
Photo. Neurdein.

La pauvre Joséphine si bonne, si gracieuse, si sympathique, se retira à la Malmaison, l'âme brisée. Elle est restée, dans le cœur de la nation, la vraie impératrice, comme l'ange tutélaire de Napoléon. L'Empereur avait pour elle une affection sincère, profonde; ce ne fut pas sans douleur qu'il se sépara de la compagne de sa glorieuse carrière. Peut-être n'aurait-il pas pris cette pénible mesure, si le fils aîné de sa belle-sœur, la reine Hortense, avait vécu? Il avait affectionné tout particulièrement cet enfant, qui du reste lui ressemblait beaucoup; et il avait compté en faire l'héritier de sa couronne. Le jeune prince était mort en 1807.

Pour remplacer Joséphine; il hésita entre une princesse de la cour de Russie, et Marie-Louise, la fille de l'empereur d'Autriche. Après quelques tergiversations, il se décida pour l'archiduchesse Marie-Louise. Le maréchal Berthier se rendit à Vienne pour remplir les formalités de cour; et ramener la nouvelle impératrice, qui fut accueillie par des fêtes somptueuses. Mais le peuple resta froid. Marie-Louise ne sut pas conquérir son cœur; elle resta une étrangère pour la France, malgré la naissance de son fils, le roi de Rome.

Cette alliance, si bien faite pour enorgueillir, ne paraît pas avoir eu une influence heureuse sur l'esprit de Napoléon. Elle a peut-être exalté son goût déjà si grand pour les entreprises extraordinaires, et ses tendances au despotisme, comme s'il avait voulu étonner sa jeune épouse par l'audace de ses conceptions, et par sa toute-puissance. Dans tous les cas, elle a coïncidé avec une série de mesures fâcheuses, arbitraires : la liberté de la presse disparut complètement; la censure fonctionna sévèrement, même sur les livres; le pouvoir des tribunaux spéciaux fut augmenté; le nouveau code pénal prononça la peine de mort pour bien des crimes politiques; la liquidation des créances arriérées de la Révolution se termina dans l'arbitraire; les relations avec le pape, prisonnier à Savone, se tendirent.... A la suite de difficultés avec son frère, le roi Louis, Napoléon fit occuper Amsterdam par ses troupes; et annexa la Hollande à l'Empire. Les relations avec les rois de Westphalie, de Naples se tendirent. En Espagne les affaires allaient mal; les maréchaux ne s'entendaient pas; il eût été désirable que l'Empereur vînt se mettre à leur tête pour écraser définitivement les Anglais, et les chasser de la péninsule; mais les difficultés inextricables, mesquines, de la guerre d'Espagne répugnaient à l'esprit de l'Empereur; il se contenta de donner de loin des instructions à ses lieutenants, et se réserva pour des événements plus dignes de sa toute-puissance, et de sa haute situation en Europe....

Ces événements ne tardèrent pas à se produire. Depuis la paix de Vienne, l'augmentation du duché de Varsovie, et le mariage de Marie-Louise, le tsar Alexandre avait manifesté bien haut son mécontentement. Il ne garda plus de mesure après l'annexion de la Hollande, et surtout du duché d'Oldenbourg qui avait été enlevé à son beau-frère; il ouvrit les ports russes aux marchandises anglaises, et prohiba les vins et produits français; des marchandises françaises furent brûlées dans ses ports. — Décembre 1810.

Napoléon fut indigné. D'un autre côté, il fut séduit, dominé par l'idée d'en finir avec l'Europe, « de frapper dans le Nord un coup d'épée terrible, retentissant »; pour revenir triomphant sur le Midi, et en finir alors, dans des conditions dignes de lui, avec l'Espagne et l'Angleterre. Sans doute, une guerre lointaine, comme l'expédition de Russie, était pleine de difficultés; mais le vainqueur d'Austerlitz, d'Iéna, de Friedland, de Wagram, en viendrait certainement à bout.

Ses préparatifs commencèrent, dès 1811. Les conscriptions de 1811 et 1812 furent appelées sous les drapeaux; la garde nationale fut réorganisée en trois bans, dont le premier fut destiné à la garde des frontières. En même temps, il chercha des alliances, conclut des traités avec la Prusse et l'Autriche ; et autorisa Bernadotte à accepter la régence de la Suède, comptant qu'il l'aurait pour allié ; mais, à la première difficulté, Bernadotte se jeta dans les bras de l'Angleterre et de la Russie.

La Russie de son côté activa ses armements. Les relations se tendirent de plus en plus. La guerre éclata en mai 1812. Napoléon se rendit à Dresde pour se mettre à la tête de ses armées, et en presser la concentration.

Les forces qu'il avait mises sur pied étaient formidables : elles comprenaient, en première ligne, huit corps d'armée avec la garde, et quatre corps de cavalerie ; sur les ailes, deux corps étrangers ; en réserve, deux autres corps. Des approvisionnements énormes avaient été faits pour assurer le ravitaillement des troupes ; les convois étaient prêts. L'ensemble de l'armée atteignait l'effectif, énorme pour l'époque, de 600 000 hommes ; dont 450 000 pour l'armée active. Il y avait dans ces troupes des corps italiens, autrichiens, prussiens, bavarois, wurtembergeois, saxons, etc. Il semblait que l'Europe tout entière était en train de se ruer, au signal du grand maître de la guerre, sur l'empire moscovite.

Les Russes avaient mis sur pied trois armées ; 130 000 hommes sous Barclay, devant le Niémen ; 60 000 sous Bagration entre le Niémen et le haut Bug ; 40 000 hommes en Volhymie sous Thomasoff. Comme réserve : l'armée de Moldavie, de 50 000 hommes ; plus 80 000 hommes en deuxième ligne, et de nombreuses levées de milice.

Napoléon divisa son armée de première ligne en trois masses : à droite, en face de Grodno, le roi de Westphalie[1], et plus tard le maréchal Davout avec 60 000 Polonais, Westphaliens et Saxons ; au centre, le prince Eugène avec 50 000 Italiens et Bavarois ; à gauche la grosse masse de manœuvre, sous les ordres directs de l'Empereur, de près de 200 000 hommes, devant Kovno ; à l'extrême droite, était le prince de Schwartzemberg, avec 30 000 Autrichiens ; à l'extrême gauche, devant Tilsitt, Macdonald avec 30 000 Français et Prussiens. Par derrière, Victor et Augereau avec 80 000 hommes.

Les opérations commencèrent le 24 juin. Le plan de Napoléon, la manœuvre de Vilna, consiste à attirer les Russes en Pologne, à les accrocher avec la droite et le centre, puis à se rabattre

---

1. Le prince Jérôme, le plus jeune frère de Napoléon, roi de Westphalie depuis Tilsitt, quitta le commandement de son armée, quand il fut mis sous les ordres de Davout.

sur eux, au delà du Niémen, avec la grosse masse
de gauche. La manœuvre ne réussit pas, parce
que les masses de droite et du centre opèrent
lourdement, que leurs chefs ne sont pas préparés
à commander des armées, que « les états-majors
sont organisés de manière à ne rien prévoir »;
parce que, surtout, les Russes ne se prêtent pas
à cette manœuvre; parce que l'expérience des
luttes contre Napoléon commence à se faire
sentir, qu'on se rappelle, dans le camp ennemi,
comment a manœuvré l'archiduc Charles après
Eckmühl, comment manœuvre Wellington en
Espagne; et que l'état-major russe est décidé à
refuser la bataille, à reculer, mais en usant, fati-
guant l'envahisseur par des combats incessants
d'arrière-garde, en entravant ses communications, en ruinant le pays; sauf à reprendre énergiquement l'offensive quand les distances, les
fatigues, les privations auront lassé, désorganisé
l'adversaire.

Quand Napoléon arrive à Vilna, après sa
manœuvre infructueuse, les marches ont déjà
fatigué ses troupes, on signale plus de 30 000 traînards; il arrête les mouvements pendant plusieurs jours.

Puis, il essaie par deux fois, une manœuvre
analogue, qui échoue pour les mêmes motifs; et

par deux fois il est obligé, pour les mêmes raisons, de marquer un long temps d'arrêt, à Vitepsk; puis à Smolensk. Dans les trois périodes, tout en livrant énergiquement quelques combats d'arrière-garde, les Russes sont parvenus à éviter la bataille.

C'est pendant son temps d'arrêt de Smolensk que Napoléon s'est posé la grave question : « Faut-il continuer à s'avancer dans l'intérieur de la Russie; ou bien s'installer à Smolensk, en couvrant au loin les ailes de l'armée, et y passer l'hiver pour reprendre la campagne au printemps?» Bien des raisons militaient en faveur de la dernière solution : L'armée était déjà bien réduite en effectifs, l'hiver s'approchait et allait rendre les communications avec l'arrière horriblement difficiles. Mais, d'un autre côté, c'eût été faire traîner cette guerre si lourde pour la France et l'Europe, et porter par ce demi-échec un coup terrible au prestige impérial; tandis qu'atteindre Moscou, la ville sainte, c'était frapper vivement les imaginations de la Russie et de l'Europe, c'était conquérir une installation d'hiver pour l'armée, honorable, digne de son renom, et trouver probablement des approvisionnements pour tout un hiver.

Il se décida pour la marche sur Moscou. Avant

d'y arriver, il se heurta, le 5 septembre, à l'armée russe, qui venait de changer de commandant en chef, et qui, sous les ordres de Kutusof, l'attendait sur la forte position de Borodino, sa droite à la Moskowa, sa gauche au bois d'Outiza, son front renforcé de redoutes, et d'autres ouvrages de fortification.

Le 6, les deux armées restèrent en présence. Le 7, la bataille commença, dès la pointe du jour, par une violente canonnade. Elle fut impressionnante par la valeur de nos troupes, par la violence des attaques de notre infanterie, entraînée par des chefs comme Ney, Davout, le prince Eugène...; par les charges de notre cavalerie électrisée par Murat; par notre artillerie qui s'est vaillamment dévouée. De leur côté, les Russes se défendirent et contre-attaquèrent avec une bravoure, une solidité, un esprit de sacrifice, dignes d'admiration. Mais, au point de vue tactique, ni d'un côté, ni de l'autre, on ne trouve dans cette sanglante rencontre, ces surprises, ces « événements » de champ de bataille qui assurent le succès et le rendent décisif, écrasant. Ce fut une bataille parallèle, dans laquelle l'Empereur refusa même de faire intervenir sa dernière réserve, la garde impériale. Elle n'en fut pas moins horriblement meurtrière; les Russes y

NAPOLÉON, AU KREMLIN, REGARDE L'INCENDIE
DE MOSCOU,
d'après le Tableau de Verestchagin.
Photo. de la Société Photographique, Berlin.

perdirent 50 000 hommes, Napoléon 30 000.

La Grande Armée arriva à Moscou le 14 septembre, réduite à 100 000 hommes. Le 15, éclata un incendie qui brûla toute la ville. Napoléon, au Kremlin dans le palais des Tsars, y attendit néanmoins un mois, surveillant l'armée russe qui se massait sur son flanc, vers le Sud.

Il faut lire le récit de ces grands événements dans les *Mémoires du général comte de Ségur*, aide de camp de Napoléon, qui a fait un tableau impressionnant de cette campagne de 1812, et de l'horrible retraite qui la termina.

Ce fut le 19 octobre que l'Empereur se décida à se replier sur Smolensk, d'abord par Kalougha; mais après la violente et sanglante journée de Malo-Iaroslavetz si péniblement gagnée par le prince Eugène, il fit reprendre la route d'arrivée par Mojaïsk et le champ de bataille de la Moskowa. Organisée en quatre échelons, l'armée y forme une énorme colonne de vingt lieues de long. Elle marche péniblement, gênée par le temps qui devient de plus en plus mauvais, encombrée de traînards sans armes, harcelée par l'ennemi qui l'entoure de toutes parts et la force à livrer des combats incessants. La neige et le froid font leur triste apparition dès le commencement de novembre. Les chevaux morts de fatigue, les bagages sont semés sur la route hideuse. Quand l'armée arrive à Smolensk, du 9 au 13 novembre, elle est réduite, au plus, à 50 000 combattants.

La retraite continue, horrible, lamentable; jalonnée le 19 par le combat de Krasnoë; le 26, par le fameux passage de la Bérésina, qui réussit, tant bien que mal, au milieu des masses russes, grâce au dévouement des pontonniers d'Éblé, aux rigueurs mêmes de la saison, dure pour nos adversaires comme pour nos soldats, et surtout à l'indomptable énergie de Napoléon et de ses troupes. Notre arrière-garde joue un grand rôle dans ces événements. Cette vaillante troupe a à sa tête le « brave des braves », le maréchal Ney qui déploie pour couvrir les derrières de l'armée une énergie physique et morale, un héroïsme sans pareils dans l'histoire. Pendant quarante jours et quarante nuits, il se tient au poste d'honneur de l'armée, passant ses nuits à marcher, ses journées à combattre pour arrêter l'ennemi, et donner à l'armée le temps de s'écouler; se tirant des mains des Russes à Krasnoë dans des conditions invraisemblables d'audace et d'énergie; prenant une part glorieuse aux affaires de la Bérésina; se remettant ensuite à l'arrière-garde, et sortant le dernier de la Russie, le fusil à la main, à la tête d'une poignée de soldats....

L'Empereur reconnut les services du maréchal Ney, en le faisant prince de la Moskowa. Gloire à tout jamais à ce vaillant qui a sauvé l'honneur de nos armes dans ces douloureuses circonstances !

A Smorgoni, Napoléon quitta l'armée, et se rendit en poste à Paris. Il laissa le commandement des troupes à Murat, qui les amena à Vilna, harcelées par les cosaques, par un froid de 30°. Le 12 décembre, elles sont à Kœnigsberg; le 17 janvier, à Posen, où Murat cède le commandement au prince Eugène. En mars 1813, le prince est à Magdebourg, à la tête de 40 000 hommes. Le reste de l'armée occupe les places fortes de la Prusse.

⁎
⁎ ⁎

On a reproché à Napoléon d'avoir abandonné ses troupes, au milieu de cette situation désastreuse. Sans doute, il eût été beau, grand, de continuer à donner jusqu'au bout l'exemple du courage, de la résignation, de l'énergie; de supporter, côte à côte avec les soldats, les périls, les misères, les souffrances atroces de cette épouvantable retraite.... Mais où était le devoir du souverain? Ne consistait-il pas à empêcher la France de se laisser aller à l'humiliation, au désespoir; à relever son courage; à songer immédiatement à venger les tortures infligées à nos troupes, dans les plaines glacées de la Russie; à montrer à l'Europe, surexcitée par ces événements, que nos désastres n'étaient que passagers, et que nous étions loin d'être terrassés?...

Peut-on faire un reproche à l'Empereur, ne faut-il pas plutôt l'admirer, d'avoir compris ainsi ses grands devoirs?

Il rentra à Paris dans la nuit du 18 décembre 1812, revit l'Impératrice; reçut ses ministres, les hauts dignitaires, les grands conseils de l'État; montra à tous une force d'âme extraordinaire; parlant des circonstances de sa campagne, comme si elle n'avait été soumise qu'aux chances ordinaires de la guerre; exagérant l'importance de la conspiration Malet pour donner un autre aliment à la curiosité publique. Et immédiatement, il s'occupa, pour préparer une nouvelle guerre, d'utiliser les ressources qu'avec une sage prévoyance il avait organisées, avant son départ pour la Russie : la conscription de 1813 qui était, depuis octobre, dans les dépôts, et les cent cohortes de garde nationale, qu'il avait destinées au début à garder la frontière et qu'il comptait bien maintenant faire marcher à l'ennemi.

Il était urgent de venir en aide à l'armée du prince Eugène, et surtout de commencer par réorganiser sa cavalerie, qui avait été complètement détruite pendant la retraite de Russie. Napoléon parvint à trouver immédiatement, à cet effet, 6000 à 7 000 hommes de cavalerie, surtout en Allemagne. En même temps, il chargea le général Bourcier de chercher partout les chevaux nécessaires pour remonter nos cavaliers rentrant de Russie. Il se fit offrir par les grandes villes de France, des cavaliers montés, équipés, tout prêts à entrer en campagne. Paris donna l'exemple et vota un régiment de cavalerie. Lyon donna 120 cavaliers; Bordeaux 80; Strasbourg 100, etc. Les villes étrangères suivirent le mouvement et votèrent Rome 240 cavaliers, Gênes 80, Hambourg 100, etc. En quelques jours, il fut ainsi mis à la disposition de l'Empereur 22 000 chevaux, 22 000 équipements et 16 000 cavaliers. L'ensemble des mesures donna bientôt plus de 60 000 hommes de cavalerie. C'était la partie la plus difficile de la réorganisation de l'armée.

Pour compléter les ressources données par la classe 1813 et les cohortes, Napoléon fit appeler sous les drapeaux un grand nombre d'hommes tirés des classes antérieures, et toute la classe de 1814. Il comptait avoir ainsi dans les dépôts 500 000 hommes, dont 350 000 pourraient être envoyés immédiatement rejoindre l'armée et 150 000 s'instruire dans les dépôts.

Lorsqu'il eut des renseignements précis sur le départ de Murat, sur l'état lamentable des débris de la Grande Armée de Russie, que le prince Eugène avait réunis péniblement sur l'Elbe, il se raidit contre le malheur, et lui envoya, sur-le-champ, 60 000 hommes de renfort, avec l'ordre de renforcer la défense des places de la Vistule, de l'Oder et de l'Elbe. Il songeait déjà à se créer des points d'appui aux extrémités du vaste échiquier, dans lequel il comptait attirer ses ennemis et manœuvrer.

En même temps, il organisa la jeune garde, et porta l'ensemble de la garde impériale, à 40 000 hommes. 10 000 gardes d'honneur lui furent fournis, tout montés, tout équipés, par les grandes familles du pays. L'armée d'Espagne envoya de nombreux cadres, et des régiments entiers de cavalerie ; la gendarmerie fournit 3 000 officiers et sous-officiers pour refaire la cavalerie. L'artillerie mit sur pied en trois mois 600 canons et 2 000 caissons....

Toutes ces mesures, qui dénotent une activité prodigieuse, furent prises et réalisées, dans le plus grand ordre, sans perdre un jour, grâce au génie d'organisation de Napoléon, à son talent de faire doubler le travail de ses fonctionnaires, de leur faire superposer les opérations ; grâce à sa puissance de travail illimitée qui lui permit de tout diriger, de tout surveiller. Jamais on ne l'avait vu plus jeune, plus actif, plus patient, plus empereur, que dans ces circonstances si déprimantes cependant.

Les mouvements de concentration de la nouvelle armée en Allemagne, commencèrent dès la fin de mars. Le vieux maréchal Kellermann, qui possédait une très grande expérience en ce qui concerne l'organisation des troupes, fut installé sur le Rhin, à Mayence, avec la mission d'inspecter minutieusement tous les détachements qui passaient le Rhin, et de faire compléter, séance tenante, leur équipement.

Napoléon se rendit lui-même à Mayence le 17 avril 1813, pour activer ces inspections, auxquelles il attachait avec raison une grande importance, pour veiller aux approvisionnements, et aussi à l'instruction de ses jeunes troupes, complètement improvisées. Il prescrivit de profiter des haltes, des marches pour leur

montrer les choses essentielles du combat, et
recommanda tout spécialement de les rompre à
former le carré, à déployer le bataillon en ligne,
à le reformer en colonne d'attaque.

Ces efforts furent facilités par le génie particulier de la nation française, par la promptitude
de son intelligence, son héroïsme de race : au
bout de trois mois, mis entre les mains des sous-
officiers, des 'officiers, des généraux aguerris des
armées de Russie et d'Espagne, ces jeunes soldats fournirent une armée, non pas comparable
aux troupes entraînées, expérimentées, ardentes,
endurantes, de l'armée d'Italie ou du camp de
Boulogne, mais très suffisante pour être opposée
aux armées que la coalition mettait en mouvement pour achever notre écrasement, et qui elles-
mêmes étaient en grande partie improvisées.

*
* *

Aussitôt après nos désastres de 1812, l'Angleterre resserra son alliance avec la Russie, sou-
doya en Suède 30 000 hommes que devait commander Bernadotte; négocia avec la Prusse et
l'Autriche pour les détacher de Napoléon; et
surtout envoya des secours aux sociétés secrètes
allemandes, pour les aider à organiser, à sti-

muler le mouvement de l'opinion publique, qui devenait formidable contre Napoléon et la France.

Les événements d'Espagne avaient réveillé l'Europe dès 1808; et lui avaient montré ce que peut un peuple fier, courageux, décidé à lutter contre l'envahisseur. Des sociétés furent organisées secrètement, dans toute l'Allemagne; en Prusse surtout, à l'effet de préparer le peuple à imiter l'Espagne, à se sacrifier pour délivrer la Patrie. La plus importante de ces sociétés fut le « Tugenbund », la ligue de la vertu, qui eut bientôt des ramifications bien organisées, puissantes, dans toute l'Allemagne. Le mouvement d'opinion, créé par ces sociétés, fut essentiellement patriotique et populaire, même révolutionnaire : « Peuples, soyez libres, disaient leurs proclamations, venez à nous! Dieu est à nos côtés, et nous affrontons l'enfer et ses alliés! toute distinction de naissance, de pays, est bannie de nos légions; nous sommes tous des hommes libres!... Toute distinction de rang est effacée par ces grandes idées : le roi, la liberté, l'honneur et la patrie.... La liberté ou la mort! nos arbres généalogiques ne comptent plus pour rien.... La régénération de l'Allemagne peut seule produire de nouvelles familles nobles.... »

Les événements de Russie succédant à ceux d'Espagne, à la lueur d'espoir qu'avaient donnée les Autrichiens à Aspern, surexcitèrent au plus haut point les sentiments populaires. Le général prussien d'York, qui avait fait toute la campagne de Russie sous les ordres de Macdonald, fut vivement sollicité de faire défection, de se joindre aux Russes. Quand il céda, en arrivant à Kœnigsberg, ce fut un enthousiasme sans nom dans le camp prussien. On s'embrassa dans les troupes, on s'appela les libérateurs de l'Europe. Stein et les réfugiés prussiens réunirent, à Kœnigsberg, les états de la province, déclarèrent qu'il fallait agir, comme la junte espagnole de Cadix, « pour le roi, malgré le roi », et proclamèrent l'indépendance de l'Allemagne. Ce fut alors un entraînement général, à Vienne comme à Berlin, à Dresde, à Munich... dans toute l'Allemagne. Partout, on se convainquit que, réunie en un seul faisceau, la grande patrie allemande serait invincible, qu'elle ne tarderait pas à faire la loi aux autres, et à devenir la première nation du monde. Plus de Prussiens, d'Autrichiens, de Saxons, de Bavarois..., s'écriait-on ; plus de princes, de nobles, de pays particuliers ! plus de luthériens, de catholiques ! rien que des Allemands, prêts à mourir jusqu'au dernier pour la patrie !

Le roi de Prusse, tout en négociant avec l'Angleterre, hésita longtemps à se déclarer nettement contre Napoléon. Vers le milieu de mars, il se décida à lui notifier la guerre, et prit ouvertement des mesures à cet effet. La levée en masse fut décrétée; ordre fut donné au « Landsturm » de harceler l'ennemi, de tuer les soldats isolés, de détruire les vivres....

Un frisson d'enthousiasme pàtriotique secoua toute la Prusse. Les jeunes gens, les hommes mûrs, les vieillards coururent s'engager pour la guerre. Ce fut un mouvement général, profond, dont Chateaubriand cite un exemple, dans ses *Mémoires d'outre-tombe* : « Le professeur Fichte faisait à Berlin une leçon sur le devoir : il parla des calamités de l'Allemagne et termina par ces paroles : « Le cours sera donc suspendu, « jusqu'à la fin de la campagne. Nous le repren- « drons dans notre patrie libre; ou nous serons « morts pour reconquérir la liberté ». Ses jeunes auditeurs se levèrent en poussant des cris. Fichte descendit de sa chaire, et alla s'inscrire sur les rôles d'un corps partant pour l'armée. »

Mais qu'auraient pu faire tous ces efforts, ces enthousiasmes, malgré leur élan, s'il n'y avait pas eu une organisation militaire préparée pour les encadrer, pour les diriger? Cette organisation était prête. Dès le 1er décembre 1806, deux mois à peine après Iéna, le roi de Prusse Frédéric-Guillaume III avait annoncé son intention de rechercher les causes du désastre de l'armée prussienne, et les moyens d'y remédier; sauf à modifier profondément l'organisation militaire du pays. Et aussitôt, il s'était préoccupé de trouver les généraux capables de l'aider dans cette œuvre. Bientôt il avait découvert l'homme de la situation, Scharnhorst, un des généraux auxquels la Prusse doit le plus de reconnaissance, le fondateur de l'armée prussienne telle qu'elle fonctionne encore aujourd'hui.

Soit comme ministre de la Guerre, soit comme président de « la commission de réorganisation militaire », Scharnhorst a joué le rôle prépondérant dans cette œuvre de relèvement, de 1807 à 1813 : Le traité de Tilsitt avait réduit l'effectif de l'armée prussienne à 40 000 hommes; Scharnhorst, pour tourner la difficulté, fit adopter le principe vivifiant de la nation armée, le système des réserves et de la landwehr venant en cas de guerre s'ajouter aux troupes présentes sous les drapeaux.

Les corps d'officiers cessèrent d'être ouverts exclusivement à la naissance. Sans supprimer la clause de l'acceptation des nouveaux officiers par l'ensemble des officiers du régiment, il fit dépendre davantage leur recrutement de l'instruction, de l'éducation. Les règlements militaires furent refondus dans un sens pratique et libéral. Le régiment ne fut plus regardé seulement comme destiné à entraîner, à préparer pour la guerre; il devint aussi l'école du devoir national, du dévouement sans bornes à la patrie....

Scharnhorst fut secondé, dans cette grande œuvre, par un autre ministre, des plus illustres, Stein; et bien appuyé, bien encouragé par le roi. Mais il n'aurait pas suffi d'augmenter le nombre des troupes, de perfectionner leur instruction, leur entraînement, de surexciter l'esprit de la nation entière, d'augmenter les forces vives de la Prusse, il fallait aussi améliorer l'organe destiné à diriger, à utiliser ces forces à la guerre, le haut commandement.

Scharnhorst s'occupa tout spécialement de cette grande réforme, la plus importante de toutes, celle qui a eu la plus grande influence sur les événements de 1813-1815, comme sur l'avenir de la Prusse et de l'Europe. Il la prit en main, avec d'autant plus d'ardeur que, comme chef d'état-major des armées prussiennes en 1806, il n'avait que trop souffert des vices de l'ancien système d'utilisation de l'état-major par le commandement; il se rappelait, le cœur serré, l'horrible débandade qui avait suivi Iéna, le désordre inextricable des troupes auquel personne ne semblait songer à remédier, parce que les officiers d'état-major, recrutés au hasard, étaient de simples transmetteurs d'ordres, sans initiative, auxquels le commandement ne se donnait pas la peine de confier ses intentions.

Pour mieux recruter les officiers d'état-major, et en même temps relever l'instruction générale de l'armée, il fonda l'École générale devenue plus tard l'Académie de guerre. Et il fit imposer au haut commandement la règle de considérer le chef d'état-major comme un confident obligatoire pour la conception et la direction des opérations, et les officiers d'état-major comme des aides constants pour leur surveillance. Dorénavant, le commandant en chef d'une armée, son chef d'état-major, ne devaient plus faire qu'un tout, « das Armee commando », le commandement de l'armée, travaillant d'un commun accord à l'exécution des intentions du commandant en chef, dont chaque membre de ce tout devait être pénétré.

Et 1813, ce grand perfectionnement de Scharnhorst n'était encore qu'à l'état embryonnaire. Il s'est bien amélioré depuis, et est devenu le grand état-major prussien qui, sous l'impulsion du maréchal de Moltke, a tant fait parler de lui en 1866 contre les Autrichiens et en 1870 contre la France. Mais quoique récemment créé, le nouvel état-major prussien était déjà suffisamment recruté et instruit, pour pouvoir être bien utilisé par le commandement; il allait jouer un grand rôle dans les événements des guerres de 1813 à 1815 contre Napoléon. Le grand calculateur allait trouver, en face de lui, d'autres calculateurs préparés à déjouer ses meilleures combinaisons.

Aux masses de la Russie, qui avaient su montrer leur valeur en 1812, échapper à l'étreinte de Napoléon, se battre ensuite avec une sombre énergie à la Moskowa, et poursuivre avec acharnement, malgré l'hiver, les débris de notre armée; aux Autrichiens, qui ne tarderaient pas à intervenir, qui déjà sous l'archiduc Charles, en 1809, avaient si bien manœuvré après Eckmühl, et si vaillamment combattu à Aspern et même à Wagram, allait se joindre encore, contre Napoléon, l'armée prussienne nationale, bien dirigée par son nouvel état-major; bien réorganisée, régénérée et animée d'un esprit de patriotisme profond, vibrant, qu'elle allait communiquer à l'Allemagne tout entière.

Jamais, dans aucune de ses campagnes, le

grand maître de la guerre n'avait eu en face de lui de pareils éléments.

Il était trop bien renseigné, il avait trop d'intelligence, de sagacité, d'élévation dans l'esprit pour ne pas le voir ; pour ne pas apprécier, dans toute sa grande portée, ce mouvement général de l'opinion ; pour ne pas sentir que son effroyable faute d'Espagne, après avoir poussé à la guerre l'Autriche en 1809, la Russie en 1812, allait progressivement soulever contre lui l'Allemagne, l'Europe tout entière, même ses alliés, et les exciter à faire comme l'Espagne, à lutter avec acharnement contre l'envahisseur.

Oui, sans doute, il a dû le comprendre. Mais il n'en a rien manifesté ; et son armée le vit s'engager au milieu des groupes de la coalition, calme, sûr de lui, comme si son étoile brillait encore au ciel de tout son éclat.

CHAPITRE VIII

1813 — 1814

A LA fin d'avril 1813, Napoléon avait concentré son armée vers Erfurth. Le prince Eugène était sur la Saale. L'armée alliée, prusso-russe, commandée par Wittgenstein, était partie de Dresde et paraissait manœuvrer pour se rapprocher d'Erfurth ; mais on avait peu de renseignements sur ses mouvements, notre cavalerie était en retard.

L'Empereur ne s'en décida pas moins à prendre l'offensive, et à marcher sur Leipzig avec toutes ses forces et celles d'Eugène, formant un total de 150 000 hommes.

Le 29 avril et le 1er mai, l'avant-garde, commandée par Ney, rencontre l'ennemi et livre de glorieux combats; le maréchal Bessières est tué dans l'une de ces rencontres.

Le 2 mai, la marche sur Leipzig continue. L'armée de Napoléon forme une énorme colonne. Tout à coup l'ennemi débouche sur notre flanc droit et nous attaque violemment. C'est une surprise; mais l'Empereur prend immédiatement des mesures pour y parer, avec sa maîtrise habituelle. Au centre de ses formations se trouve le maréchal Ney, dont les troupes occupent plusieurs villages, énergiquement attaquées par les Prussiens de Blücher. Les villages des ailes nous sont enlevés; mais au milieu, le village de Kaya est vaillamment défendu par nos jeunes soldats; il est pris et repris plusieurs fois, et finalement reste entre nos mains à la suite d'une vigoureuse contre-attaque de la jeune garde, secondée par Eugène et Bertrand qui progressent. L'offensive énergique des Prussiens est arrêtée. Alors l'ennemi, dont les ailes ont été peu engagées, se retire, laissant entre nos mains le champ de bataille de Lutzen, et perdant 15 000 hommes.

Ce fut un baptême de feu brillant pour nos jeunes soldats. Napoléon en était tout heureux : « Il n'avait jamais vu plus de bravoure et de dévouement; l'honneur et le courage leur sortaient par tous les pores. » Et néanmoins, il avait perdu 12 000 hommes dans cette seule journée; et il voyait que ses adversaires avaient été énergiquement commandés, car ils s'étaient retirés en ordre, ne laissant entre nos mains que 2 000 prisonniers, blessés pour la plupart. L'influence du nouvel état-major prussien se faisait sentir, dès la première rencontre.

Le 3 mai, Napoléon marche à la poursuite des alliés vers Dresde. Wittgenstein fait replier son armée sur Bautzen et attend, bien installé dans dans une position des plus solides. L'Empereur arrive devant lui. le 20 mai, avec toutes ses forces, sauf Ney qu'il a poussé vers Wittemberg pour menacer Berlin et dont il se servira pour produire « l'événement » dans la bataille. Il ne commence que tard l'action, qui se prolonge et est interrompue par la nuit.

La bataille reprend violente, le lendemain 21 mai. Ney intervient, non pas sur les derrières, mais sur le flanc droit des alliés; il se heurte aux Prussiens de Blücher qui se défendent avec acharnement; Praititz est pris et repris; à la fin, Blücher est battu, et se retire, mais en ordre. En même temps, au moment où se produit ainsi « l'événement », attaque générale qui réussit, les alliés se retirent poursuivis par notre armée, mais sans confusion. Plusieurs combats sont livrés les jours suivants; dans l'un d'eux, un boulet tue le grand maréchal Duroc et le général d'artillerie Kirgener, aux côtés de l'Empereur. Ces pertes, celle de Duroc surtout, affligèrent vivement Napoléon. Et d'un autre côté, il sentait qu'il y avait quelque chose de changé chez ses adversaires; car des victoires éclatantes comme celles de Lutzen et de Bautzen n'avaient laissé entre ses mains que des trophées insignifiants, et ne paraissaient pas avoir atteint le moral de nos ennemis.

Aussi, quand l'Autriche lui offrit, de leur part, un armistice, accepta-t-il avec empressement, et consentit-il à entamer des négociations, à faire ouvrir un congrès pour la paix. L'armistice dura du 4 juin au 10 août. L'Autriche manœuvra pour donner aux alliés le temps d'achever la concentration de leurs forces, et pour terminer elle-même ses préparatifs de guerre. Lorsqu'elle fut prête, elle fit rompre l'armistice, et déclara qu'elle entrait dans la coalition.

Napoléon n'avait pas perdu de temps pendant cette longue interruption des opérations. Au commencement d'août, il dispose de 280 000 hommes : 30 000 sous Davout, vers Hambourg; 70 000 sous Oudinot, vers Wittemberg; la grosse masse de l'armée comprend 180 000 hommes et est échelonnée de Dresde à Liegnitz, sous les ordres directs de l'Empereur. Il compte, s'appuyant sur la position de Dresde, qu'il a fait fortifier, manœuvrer entre les armées ennemies, comme il l'a fait si brillamment sur l'Adige, dans sa campagne d'Italie, et concentrer rapidement ses masses pour la bataille, là où les circonstances l'indiqueront. Mais les conditions ne sont plus les mêmes qu'au début de sa carrière ; ses troupes sont braves mais peu entraînées ; les marches sont lourdes, pénibles, et ses maréchaux n'ont plus l'ardeur, l'entrain, la confiance de ses lieutenants de Rivoli, d'Austerlitz, d'Iéna.

Autour de ces forces, les alliés disposent à la fin de l'armistice de 600 000 hommes : 100 000 dans le Nord, sous Bernadotte ; 130 000 en Silésie, sous Blücher ; 230 000 en Bohême, sous Schwarzenberg ; 140 000 devant les places de la Vistule et de l'Oder, occupées par nos soldats. D'autres troupes nombreuses ont des missions spéciales, ou sont en route pour renforcer les armées de première ligne. C'est l'effort suprême de l'Europe contre Napoléon. Des négociations sont entamées secrètement avec nos alliés de la confédération rhénane. Vis-à-vis de la France, la coalition affecte de faire la guerre, non pas à la nation, mais à l'homme qui la domine, qui la tyrannise; et dans ce but elle avait fait venir Moreau des États-Unis; le tsar l'avait accueilli à son quartier général avec déférence et affectait de prendre ses conseils.

Le plan de campagne des alliés consiste à cerner les forces françaises, en rétrécissant peu à peu le cercle qui nous enserre; en cherchant à écraser les armées des lieutenants de Napoléon; en évitant la bataille avec les troupes que l'Empereur commandera directement, jusqu'au jour où on l'aura suffisamment affaibli, usé. Alors, concentration des efforts pour la bataille décisive.

L'armée de Schwarzenberg commence les opérations. Elle débouche de la Bohême pour enlever Dresde, avant l'arrivée de Napoléon, le 26 août. Mais l'Empereur arrive à temps pour lui reprendre les positions conquises dans la matinée. Le lendemain, l'ennemi est violemment canonné sur tout son front, pendant que l'Empereur le fait attaquer par Victor et Murat, sur son aile gauche, par Ney, sur son aile droite. Les deux attaques réussissent. Un boulet français tue le général Moreau.

Napoléon se lance à la poursuite des alliés; mais il est arrêté par la fièvre, et laisse ses lieutenants mener l'opération. Ils ne tardent pas à s'arrêter, oubliant Vandamme qui est sur les derrières de l'ennemi avec 25 000 hommes et qui bientôt est cerné par des forces écrasantes : la moitié de son monde réussit à passer, l'autre moitié est forcée de mettre bas les armes après une résistance acharnée.

Pendant ce temps, Macdonald est vivement attaqué par Blücher et rejeté au delà du Bober après avoir perdu toute une division faite prisonnière. Au Nord, Oudinot est battu à Grossbeeren par Bernadotte; et remplacé par Ney, qui, par ordre, se dirige vers Berlin. Mais, le 6 septembre, l'armée de Ney est prise en flanc par Bernadotte et battue à Dennewitz.

Les affaires prenaient une bien mauvaise tournure; mais la force d'âme de Napoléon n'était pas ébranlée. Thiers en cite une preuve, dans son *Histoire du Consulat et de l'Empire.* « Le 8 septembre, l'Empereur dînait avec Murat, Berthier, Saint-Cyr, lorsqu'un aide de camp vint apporter la nouvelle de la défaite de Dennewitz. Napoléon se borna à relever sans amertume, les fautes commises pendant la courte campagne du maréchal Ney ; ajoutant qu'il fallait beaucoup d'indulgence pour ceux qui pratiquaient la guerre; que, s'il en avait le temps, il composerait un jour un livre pour enseigner aux généraux les principes de la guerre. Et il termina en citant l'exemple de Turenne, qui, méditant sans cesse sur son métier, avait gagné à vieillir. »

Et cependant, ajoute M. Thiers, ce soir-là la situation commençait à devenir bien grave. « Puissant esprit, qui savait s'arracher aux affaires présentes, les oublier, les dédaigner, les juger de haut, comme l'aigle s'échappe de la terre, pour planer dans les hauteurs du ciel. »

A ce moment, Napoléon venait d'essayer d'amorcer une bataille contre Blücher, qui s'était dérobé; il avait voulu pénétrer en Bohême, mais le mauvais temps l'en avait empêché. Bientôt devant l'offensive générale des alliés, il prend le parti de se rapprocher de sa base d'opérations, et de faire garder solidement Leipzig.

Toutefois, il laisse Saint-Cyr en arrière, avec deux corps, pour occuper Dresde, qui pourra lui servir de point d'appui, s'il parvient à reprendre l'offensive. Il renouvelle, pour la même raison, la faute qu'il a commise au début des opérations, de laisser de fortes garnisons dans les places de l'Oder et de la Vistule. Il ne renonce pas encore à l'idée de rétablir la situation, telle qu'elle était avant l'expédition de Russie. Il avait perdu un gros coup en Russie; et, en grand joueur qu'il était, il tenait à se refaire, non pas en partie, mais en totalité par un autre très gros coup.

C'est dans cette tendance qu'il faut chercher l'explication de ses actes de cette époque, et non pas dans un affaiblissement de ses talents; son génie est aussi fécond, aussi puissant, aussi tenace que jamais; trop tenace même, car il ne veut pas se plier aux nécessités des circonstances, et arriver à la défensive. Il joue le tout pour le tout.

Et cependant, il eût été digne de son haut caractère de mettre de côté les idées de prestige, d'oublier les conseils de l'orgueil, pour penser à la patrie, à la France; pour songer qu'elle allait avoir à se défendre contre l'Europe entière, et qu'elle aurait bientôt besoin sur ses frontières du dévouement de tous ses enfants; pour renoncer aux idées d'offensive à outrance et pour consacrer à la défense de nos frontières toutes les ressources disponibles, sans oublier les garnisons de Dresde et des autres places.

Tout en envoyant Murat vers Leipzig, avec 50 000 hommes, Napoléon rejoignit Ney pour tomber sur Blücher, qui se replia. Alors, il voulut se jeter dans la région de Berlin, et manœuvrer sous la protection de nos places de l'Oder et de la Vistule; mais les progrès des alliés furent tels, qu'il se hâta de concentrer toutes ses troupes à Leipzig, pendant que les armées ennemies convergeaient méthodiquement vers ce même point.

La bataille commença le 16 octobre et dura trois jours. Le premier jour, nous eûmes surtout affaire aux Autrichiens qui attaquèrent énergiquement, mais sans réussir à enlever nos positions. Le second jour fut employé par les alliés à concentrer leurs forces. Le troisième jour, la bataille se déchaîna terrible dans toutes les directions. Malgré les efforts de nos vaillantes troupes, nous ne pouvons prendre nulle part l'offensive; mais nos positions sont maintenues partout, quoique à notre extrême gauche, les Saxons nous abandonnent pour passer à l'ennemi. A la nuit, nos troupes sont harassées, elles ont fait des pertes énormes, les munitions sont épuisées. Napoléon ordonne la retraite. Elle se fait péniblement sur un seul pont, au milieu de difficultés et d'encombrements inouïs. Elle se poursuivait le 19 au matin, lorsque, par suite d'un malentendu, les sapeurs chargés de faire sauter le pont mirent le feu à la mine, quelques heures trop tôt. Il restait dans la ville 150 canons et 30 000 hommes qui tombèrent, après une résistance héroïque, entre les mains des alliés.

Cette bataille effroyable, la « bataille des nations », nous coûta 50 000 hommes; les alliés en perdirent 60 000. Quand, après avoir écrasé à Hanau les Bavarois, passés à l'ennemi, Napoléon arriva sur le Rhin, vers Mayence, il n'avait plus que 70 000 hommes. Et il laissait derrière lui, dans les places de l'Allemagne, plus de 100 000 hommes, qui allaient être obligés de capituler, inutiles à la défense de la Patrie.

*
* *

Napoléon rentra à Paris le 9 novembre, décidé à se raidir contre le malheur. En passant à Francfort, il avait fait expédier à Marie-Louise quelques drapeaux pris sur l'ennemi, dans les dernières affaires. Hélas ! ces trophées ne pouvaient que rappeler que nous venions d'en laisser bien d'autres entre les mains de nos adversaires. Pour montrer à la nation les efforts qu'il avait faits pendant la campagne, dans le but d'obtenir la paix, il fit communiquer les pièces diplomatiques au corps législatif. La commission chargée d'étudier cette communication se laissa aller à critiquer amèrement la situation ; on entendit des députés dire que les « maux de la France étaient à leur comble ; la patrie menacée ; le commerce anéanti ; l'industrie expirante ; la conscription devenue odieuse au pays.... » C'était vrai, la France était épuisée, appauvrie ; mais le peuple avait encore foi dans l'Empereur, et il était déplorable de chercher à le démoraliser, au moment où l'ennemi envahissait nos frontières et où la nation allait avoir besoin de toute son énergie, afin de lutter pour sa défense et pour son honneur.

Napoléon sentit vivement l'inopportunité de ces récriminations ; il le dit avec sa vivacité habituelle, aux députés qui se présentèrent aux Tuileries pour les visites du premier de l'an. « Au lieu de m'aider, leur dit-il, vous secondez l'étranger ! Au lieu de nous réunir, vous nous divisez ! Est-ce le moment de parler des abus, quand 200 000 Cosaques franchissent la frontière !... Et au nom de qui parlez-vous ?... C'est moi seul qui suis le représentant du peuple. Quatre fois, j'ai eu 5 millions de suffrages ; m'attaquer, c'est attaquer la nation. » Il ajourna le corps législatif ; régla le budget par décret, assumant l'horreur qu'inspiraient les impôts, les « droits réunis » surtout.

Il aurait pu, dans ce moment critique, faire appel au peuple, décréter que la patrie était en danger ; mais il lui répugnait de prendre des mesures révolutionnaires, d'autant plus que les armes manquaient. Il se contenta de faire remettre en honneur le chant de *la Marseillaise*, et de faire équiper quelques bataillons de garde nationale bien choisis. D'immenses levées furent faites sur la classe de 1815 et les classes antérieures, mais les opérations du recrutement devinrent de plus en plus pénibles; il y eut des désordres, beaucoup de réfractaires; et nos magasins d'équipement étaient épuisés.

Avant de partir pour l'armée, l'Empereur fit reconduire le pape Pie VII, de Fontainebleau en Italie; et signa avec l'exilé de Valençay, le prince Ferdinand, un traité le reconnaissant roi d'Espagne. Il réunit dans la cour des Tuileries les officiers de la nouvelle garde nationale, et après leur avoir parlé des dangers de la patrie, il leur dit qu'il laissait à leur garde « ce qu'il avait de plus cher au monde, sa femme et son fils ». 24 janvier 1814.

Puis, après avoir brûlé ses papiers secrets, après avoir embrassé l'Impératrice et le roi de Rome, dans un adieu qui devait être définitif, il partit le 25, à trois heures du matin, pour son quartier général de Châlons-sur-Marne. Il ne disposait que de 45 000 hommes, bien encadrés, il est vrai, et bien aguerris, contre les 250 000 alliés qui envahissaient la France : 200 000 sous Schwarzenberg, par Bâle et Langres; 50 000 sous

Blücher par Nancy et Troyes, pour rejoindre l'armée de Schwarzenberg.

L'Empereur est en route, dès le 26, voulant surprendre l'armée de Blücher avant sa jonction avec le gros des alliés. Le 27, il enlève une division prussienne à Saint-Dizier. Le 29, il débouche sur Brienne; et manque de prendre Blücher lui-même, qui réussit à s'échapper et à rassembler ses troupes à Trannes, sur la route de Brienne à Bar-sur-Aube.

Le 1er février Blücher, renforcé par des troupes de Schwarzenberg, revient sur Napoléon, et l'attaque au sud de Brienne, à la Rothière. Malgré des prodiges de valeur, nos troupes sont vaincues par le nombre et se retirent en bon ordre. Le lendemain, notre arrière-garde, commandée par Marmont, livre un combat heureux à Rosnay.

Fiers de leur succès de la Rothière, les alliés se décident à se séparer, pour atteindre plus vite Paris : Schwarzenberg s'avançant par la vallée de la Seine; Blücher par Châlons, et par la vallée de la Marne, où il compte recevoir le renfort de deux corps d'armée, tirés de l'armée de Belgique : Bernadotte commande cette armée; il a demandé à ne pas pénétrer en France.

Napoléon est, le 9 février, à Nogent-sur-Seine. Il en part pour réaliser sa belle manœuvre

DIX-HUIT CENT QUATORZE,
par Meissonier. (Collection Chauchard.)

Photo. Lecadre.

de Montmirail contre l'armée de Blücher, échelonnée entre Meaux et Châlons-sur-Marne. Laissant Victor et Oudinot devant Schwarzenberg, il
se porte avec le restant de ses forces par la route
de Sézanne dans la direction de l'ennemi. Le 10,
il écrase une division russe à Champaubert, et se
trouve ainsi entre les troupes de Blücher qui
arrive de Châlons, et celles de ses lieutenants
Saken et York qui sont plus à l'Ouest.

Il laisse Marmont à Etoges, face à Blücher ; le 11,
il débouche de Montmirail ; bat le corps russe de
Saken, en lui laissant gagner du terrain au début
pour mieux tomber sur son flanc gauche ; le
rejette en désordre sur le corps prussien d'York ;
et les repousse tous les deux sur Château-Thierry,
puis sur la route de Fismes.

Le 14, il revient sur ses pas, aide Marmont à
tomber sur les têtes des colonnes de Blücher, à
les battre à Vauchamp, Champaubert, Etoges, et
à les forcer à se replier sur Châlons. Cette admirable manœuvre, qui nous montre Napoléon
ayant toutes ses qualités d'audace, de prudence
et de génie, au même degré qu'en 1796, en Italie,
réussit pleinement ; elle fait perdre plus de
15 000 hommes à Blücher qui disposait de près
de 60 000 hommes, tandis que l'Empereur n'en
avait que 24 000.

Pendant ce temps, l'armée de Schwarzenberg s'était avancée lentement vers Paris, et avait poussé Victor derrière l'Yères. Napoléon, laissant Marmont devant Blücher, Mortier devant les corps ennemis qui arrivent de Belgique, revient vers la Seine et vers les troupes de Victor qu'il rallie le 17 février, et qu'il pousse en avant, forçant les avant-gardes ennemies à repasser la Seine. Le 18, il reprend le pont de Montereau au corps du prince de Wurtemberg ; le combat est des plus brillants pour nos troupes, Napoléon dirige lui-même le feu de l'artillerie de Gérard. Les Wurtembergeois sont repoussés avec de très grosses pertes. L'armée de Schwarzenberg se retire sur Troyes, et de là, derrière l'Aube. Blücher est appelé à son secours et pousse jusqu'à Méry ; ses troupes y sont attaquées par les nôtres et repoussées. L'Empereur suit Schwarzenberg jusqu'à Troyes, où il est acclamé.

Bientôt, Blücher retourne vers la Marne, au-devant des deux corps arrivant de Belgique. Il pousse devant lui Marmont et Mortier et marche lentement vers Paris.

Un congrès avait été ouvert à Châtillon pour essayer de conclure la paix, Schwarzenberg avait fait une demande d'armistice ; mais l'Empereur croyait peu à ces négociations ; il renouvela ses ordres au prince Eugène de se maintenir en Italie, à Augereau qui commandait à Lyon de manœuvrer sur le derrière des alliés ; à Soult et à Suchet de se défendre énergiquement sur nos frontières d'Espagne ; et de sa personne, avec 25 000 hommes, il manœuvra contre Blücher pour le prendre entre ses troupes et celles de Marmont et de Mortier, et le forcer à accepter la bataille, acculé à l'Aisne, avant l'arrivée de ses renforts de Belgique.

Blücher sent le danger et se hâte vers Soissons, qui est déjà cerné par ses deux corps de Belgique. La garnison renforcée de cette place se prêterait à une défense énergique ; malheureusement, le gouverneur se laisse intimider, et capitule au moment même où Napoléon arrive, espérant voir réussir sa belle manœuvre. La ville, le pont de l'Aisne tombent entre les mains de Blücher qui fait rapidement passer la rivière à tout son monde, se joint aux deux corps de Belgique, et est en bonne posture, à la tête de 90 000 hommes, pour résister aux 45 000 hommes de Napoléon.

Le mouvement était manqué. Il eût peut-être été sage de ne pas le pousser plus loin, de ne pas se jeter au delà de l'Aisne, à la poursuite des Prussiens. Mais il s'agissait de défendre l'honneur du pays. Qui oserait blâmer l'Empereur d'avoir commis l'imprudence de se heurter, ayant une rivière à dos, contre un ennemi très supérieur en nombre !

Laissant Mortier et Marmont pour inquiéter Soissons, Napoléon passe l'Aisne à Berry-au-Bac, avec 30 000 hommes. Immédiatement, il veut marcher sur Laon pour y devancer Blücher ; mais il rencontre sur sa gauche, des troupes ennemies installées sur le plateau de Craonne, et trop considérables pour être négligées. C'était l'avant-garde de toute l'armée ennemie.

Napoléon se décide à l'attaquer et s'installe sur le bord du plateau dès le 6 mars. Le lendemain, le combat recommence violemment au centre du plateau, et sur les pentes où Ney mène l'attaque. Mais le terrain est difficile, les Russes commandés par Woronzoff sont admirablement postés, leur artillerie est très nombreuse. Les troupes de Ney échouent et sont même mises en désordre. Au centre, le combat se poursuit, mais il est gêné par le retard de notre artillerie et la supériorité du nombre des canons ennemis. Enfin l'artillerie de la garde et de la réserve arrive ; l'attaque reprend énergiquement de toutes parts, et réussit, aidée par un ordre de retraite que Blücher vient de faire porter aux vaillants défenseurs du plateau.

Le commandant en chef prussien avait accepté le combat sur l'étroit plateau de Craonne espérant pouvoir en finir avec l'armée de Napoléon, et la faire tourner, la prendre par derrière par un énorme corps de 10 000 cavaliers qu'il avait confié à Wintzingerode. Le mauvais état des chemins empêcha ce grand mouvement de réussir. Blücher alla lui-même sur les lieux pour essayer de le hâter. Voyant qu'il n'aboutirait pas, il renonça à la lutte, et donna des ordres pour concentrer tous ses corps à Laon.

Cette bataille, dans laquelle 20 000 hommes furent engagés des deux parts, fut très meurtrière. Les Russes et les Français y perdirent plus du quart de leur effectif.

Le 8 et le 9 mars, Napoléon marche sur Laon en deux colonnes; la plus forte qu'il commande directement, par la route de Soissons; l'autre sous les ordres de Marmont par celle de Berry-au-Bac. Il ne tarde pas à se heurter aux avant-postes de l'armée de Blücher, à cheval, aux abords de Laon, sur les deux routes. Il les attaque dès le 9 au matin. Les villages qui servent de points d'appui aux alliés sont pris et repris; l'un d'eux, Clacy, nous reste entre les mains à la nuit.

Marmont est en retard sur la route de Berry-au-Bac. Il se heurte aux avant-postes ennemis, tard dans la soirée, leur enlève Athies, et s'y installe pour la nuit, sans se garder suffisamment; allant se loger lui-même trop loin en arrière, pendant que ses troupes harassées de fatigue s'endorment autour des feux de bivouac. Pendant la nuit, Blücher les fait attaquer; et, comme elles sont mal gardées, surprises dans leur sommeil, les met en pleine déroute.

Le lendemain, l'Empereur veut recommencer la lutte; mais bientôt les troupes de Blücher prennent l'offensive. La situation de notre armée allait devenir très périlleuse, lorsque contre-ordre est donné aux corps ennemis. Napoléon continue la lutte jusqu'au soir et se retire sans être inquiété sur Soissons. Il a perdu plus de 2 000 hommes, dans cette expédition au delà de l'Aisne.

Sans se laisser abattre, l'Empereur réorganise sa petite armée; et, dès le 14, il marche sur Reims occupé par un corps russe, qu'il défait complètement; puis, par Épernay, il se porte vers l'autre armée ennemie, vers l'Aube. Schwarzenberg avait repris lentement sa marche vers Paris, pendant l'exécution de la manœuvre de Laon; il avait repoussé Macdonald et Oudinot au delà de la Seine; puis il avait été pris d'inquiétudes, et avait fait rétrograder ses troupes vers Troyes et Bar-sur-Aube.

En arrivant sur l'Aube, le 19 mars, Napoléon se heurta vers Plancy aux dernières troupes de l'adversaire. Il coucha ce jour-là [1] au château de Plancy. Il y donna ses ordres pour entamer une manœuvre décisive, à laquelle il songeait depuis plusieurs jours : se porter au loin sur les derrières de l'ennemi avec toutes les forces disponibles ; rallier les garnisons de l'Est ; et agir de concert avec Augereau partant du Sud-Est, pour prendre les masses ennemies à revers et leur infliger un désastre qui sauverait la France. Pour réaliser ce plan audacieux, digne de son génie, il veut atteindre d'abord Arcis-sur-Aube, dont l'occupation intimidera Schwarzenberg ; le persuadera de concentrer son armée plus en arrière encore, et donnera à notre armée toute facilité de se réunir vers Saint-Dizier, et de commencer la manœuvre.

1. Le gendre du consul Lebrun, le comte de Plancy, qui fut préfet de Seine-et-Marne sous Napoléon, donne dans ses *Souvenirs* de curieux détails sur ce séjour de l'Empereur dans son château : Le quartier impérial vint s'y installer très peu de temps avant l'arrivée de Napoléon. Dès que la chambre de l'Empereur fut désignée, on s'empressa de la vider de tous ses meubles qu'on déménagea par les fenêtres, afin d'y installer au plus vite, le mobilier de campagne légendaire de l'Empereur.

Quand, quelques jours après, le comte de Plancy fut reçu par l'Empereur à Fontainebleau, Napoléon lui dit amicalement : « Monsieur le Préfet, je viens de chez vous. Tous les habitants font votre éloge. Mais votre château est très vilain. » Il fut encore plus vilain trois jours après ; car il fut pillé, mis à sac par les cosaques.

Malheureusement, tout tourne contre Napoléon : Augereau a déjà trahi ses devoirs; Blücher, qui devait être repoussé au loin par la manœuvre de Laon, reprend sa marche en avant; et le jour même où nos troupes sont poussées par les deux rives de l'Aube sur Arcis, Schwarzenberg, repris de confiance, prescrit un grand déploiement de toute son armée, entre Troyes et l'Aube, à l'effet de marcher contre Napoléon, vers Plancy et Méry.

Nos troupes se heurtent vers Arcis-sur-Aube à de nombreux corps disposés pour le combat. Le premier jour, nous maintenons nos positions. Le second jour, 20 mars, nous avons sur les bras toute l'armée alliée, 100 000 hommes contre 30 000. La retraite s'impose, elle se fait en bon ordre, mais au prix d'efforts surhumains. Cette bataille imprévue nous coûte près de 4 000 hommes. Elle a surtout le triste résultat d'ouvrir aux alliés le chemin de Paris.

La campagne était virtuellement terminée. Napoléon n'en continua pas moins à vouloir réaliser son plan; il se porta sur les communications de l'ennemi. Pendant ce temps, tout en faisant suivre l'Empereur par un corps de cavalerie, les alliés reprenaient leur marche sur Paris, poussaient devant eux Marmont et Mortier; les battaient à Fère-Champenoise, puis autour de Paris, et entraient dans notre capitale, le 31 mars 1814.

*
* *

Cette inoubliable campagne, qui après les désastres effroyables de 1812-1813, au milieu des angoisses de l'invasion, a fait inscrire dans nos annales des pages de gloire merveilleuse, qui a mis en relief l'énergie sans limites de notre nation, tout en montrant une nouvelle fois l'étendue du génie et la hauteur de caractère du grand homme de guerre qui était à notre tête ; cette admirable campagne de 1814 a trouvé, dans M. Henri Houssaye, de l'Académie française, un historien digne d'elle. C'est dans son œuvre magistrale, *1814*, qu'il faut lire les détails de ces glorieux événements, les décisions remarquables de justesse, de rapidité de coup d'œil, de Napoléon ; les tergiversations, les inquiétudes des chefs de l'armée alliée, qui ne cessèrent de craindre, malgré la supériorité numérique écrasante de leurs troupes, les conceptions audacieuses de l'Empereur, comme la valeur surhumaine qu'il savait communiquer à sa poignée de soldats. C'est là qu'il faut voir aussi les atroces calamités qu'entraîna l'invasion : le vol, le pil-

lage, l'incendie; les habitants pourchassés, battus,
torturés, assassinés; les femmes, les filles violées
sous les yeux de leurs maris, de leurs parents,
par des soudards gorgés de vin et d'eau-de-vie;
les villes, les villages mis à sac; les hospices, les
églises envahis, saccagés; les religieuses, les
prêtres outragés... nos malheureux paysans déses-
pérés, exaspérés par ces forfaits, prenant leurs
fourches, leurs fusils de chasse, les armes des
morts sur le champ de bataille, et s'embusquant
pour tuer les traînards ennemis, pour venger
leurs femmes, leurs filles, leurs maisons, leurs
champs dévastés....

C'est là qu'il faut lire l'entrée des alliés dans
Paris par la barrière de Pantin, le faubourg
Saint-Martin et les boulevards; le défilé de leurs
troupes aux Champs-Élysées; les manifestations
joyeuses des royalistes; les conférences présidées
par le tsar, rue Saint-Florentin, dans l'hôtel
Talleyrand; la proclamation de la déchéance de
Napoléon, et l'installation d'un gouvernement
provisoire présidé par Talleyrand; la rentrée de
Napoléon à Fontainebleau et les mesures qu'il
prend pour masser ses troupes autour de cette
ville, Marmont formant l'avant-garde à Essonnes;
la trahison de Marmont; l'inutilité de la démarche
des maréchaux envoyés au tsar par l'Empereur;

l'insistance des maréchaux pour obtenir l'abdication de Napoléon ; l'abdication....

Dès qu'il avait su que les alliés étaient arrivés
près de Paris, l'Empereur, devançant sa petite
armée de Saint-Dizier, était revenu à bride
abattue, puis en carriole de poste, par Fontainebleau, Essonnes, vers la capitale, animé du désir
de la défendre jusqu'à la dernière extrémité. A
quatre lieues de Paris, au relais de poste de *la
Cour de France*, il apprit la capitulation que
venait de signer Marmont, et l'évacuation de
Paris par nos troupes. Il rentra, momentanément
accablé, au château de Fontainebleau, dans la
matinée du 31 mars. Puis il s'occupa des mesures
à prendre pour l'installation et la concentration
de ses troupes, au fur et à mesure de leur
arrivée.

Il était loin de désespérer. La foi dans l'avenir,
qui était un des traits les plus saillants de son
haut caractère, et qui lui avait fait accomplir des
choses si extraordinaires au cours de sa carrière,
avait repris le dessus. Il était calme, avait l'esprit
libre : le préfet de Seine-et-Marne d'alors, le
comte de Plancy, qui le vit plusieurs fois dès son
retour à Fontainebleau, donne à cet égard des
détails bien curieux dans ses *Souvenirs*.

Il est certain que, les premiers jours, il ne songea

qu'à marcher sur Paris ; donna des ordres dans ce sens, et passa, dans la cour du Cheval-Blanc du palais, des revues au cours desquelles il prononça devant les troupes des allocutions chaudes, entraînantes, ne sentant en rien la démoralisation.

Les maréchaux ne partageaient pas sa confiance. Ils obtinrent de l'Empereur, en insistant, son abdication en faveur du roi de Rome, et la mission de l'annoncer au tsar Alexandre. Pendant leur absence, Napoléon apprit la trahison de Marmont. Tout d'abord, il ne voulut pas y croire. Puis, il s'assit, le regard fixe ; et après un long silence, on l'entendit dire : « l'ingrat, il sera plus malheureux que moi ».

Aussitôt, il songea à se retirer derrière la Loire avec son armée, et donna des ordres dans ce sens. Mais ce jour-là, le 5 avril, les maréchaux envoyés vers le tsar rentrèrent à Fontainebleau, dans la soirée, rendirent compte à l'Empereur de l'insuccès de leur démarche, et insistèrent pour obtenir l'abdication complète.

Il ne céda que le lendemain matin, après avoir essayé inutilement de leur faire partager ses idées sur une résistance derrière la Loire, et écrivit devant eux l'acte d'abdication : « Les puissances alliées ayant proclamé que l'empereur Napoléon était le seul obstacle au rétablissement de la paix en Europe, l'empereur Napoléon, fidèle à ses serments, déclare qu'il renonce pour lui et ses héritiers aux trônes de France et d'Italie, parce qu'il n'est aucun sacrifice personnel, même celui de la vie, qu'il ne soit prêt à faire à l'intérêt de la France. »

Le comte de Plancy vit l'Empereur, presque aussitôt après le départ des maréchaux qui venaient de lui faire signer cet acte. Il le trouva appuyé tristement contre l'embrasure d'une fenêtre ; et, quand après avoir pris les instructions du maréchal Berthier, il repassa dans la même chambre, il revit l'Empereur, triste, silencieux, dans la même position.

A partir de ce moment, le silence, la tristesse, l'abandon envahirent le grand palais. Napoléon eut pendant la nuit d'atroces douleurs, provenant probablement d'une des crises d'hépatite, dont il a eu plus tard tant à souffrir. On alla jusqu'à dire qu'il avait voulu s'empoisonner. Le lendemain, on lui apporta à signer le traité confirmant son abdication, et lui donnant l'île d'Elbe pour séjour, avec une escorte de 400 hommes de la garde impériale.

Le départ eut lieu le 20 avril. Dans la cour « du Cheval-Blanc », la cour « des Adieux » maintenant, étaient rangés d'un côté les voitures qui

devaient emmener l'Empereur; de l'autre côté,
1 200 grenadiers de la garde. Quand Napoléon
descendit le grand escalier, les tambours bat-
tirent aux champs; d'un signe, il les fit taire,
puis s'avançant sur le front des troupes, il leur
fit ses adieux d'une voix émue, et leur dit en
terminant : « Adieu, mes enfants! je voudrais
vous presser tous sur mon cœur! que j'em-
brasse au moins votre général... votre drapeau! »

Le général se jeta dans ses bras, en lui présentant l'aigle du drapeau que Napoléon embrassa
longuement, des larmes dans les yeux, pendant
que les soldats éclataient en sanglots....

Les voitures se mirent en mouvement. De relais
en relais, soulevant des acclamations presque partout, des huées, des menaces dans le Midi, elles
arrivèrent à Fréjus le 27; le lendemain, l'Empereur s'embarquait, sur la frégate anglaise l'*Un-
daunted*, pour l'île d'Elbe.

CHAPITRE IX

L'ILE D'ELBE. — 1815

L'Empereur déchu transforme son ile en un minuscule royaume. ‖ Les Cent-Jours. ‖ Napoléon reconquiert son empire. ‖ La situation, en France, au départ des Bourbons. ‖ L'avenir est noir de menaces. ‖ L'Europe entière se dresse contre « le perturbateur du repos du monde ». ‖ La bataille de Ligny. ‖ Waterloo.

Les habitants de l'île d'Elbe venaient de brûler Napoléon en effigie, quelques jours avant son débarquement. Ils ne l'en accueillirent pas moins avec enthousiasme, quand il mit pied à terre, le 4 mai 1814.

Immédiatement, l'Empereur déploya une grande activité pour organiser son royaume minuscule, parcourut l'île à cheval dans tous les sens; s'occupa de la défense de la rade de Porto-Ferrajo; organisa la police; compléta sa petite armée, en adjoignant aux 400 grenadiers de la garde qui l'avaient suivi, des Corses, des Polonais, des hommes tirés de l'île, et finissant par disposer de 1 500 soldats bien encadrés ; organisa une marine avec le brick, qui avait été accordé par le traité, et quatre autres petits bâtiments ; créa des chemins, des routes ; s'occupa avec suite des embellissements de sa capitale comme de la prospérité de l'île ; et utilisa pour ces améliorations ce qui lui restait de son trésor personnel, si sagement économisé sur la liste civile pendant l'Empire, et conservé dans les caves des Tuileries.

Mais, la question financière ne laissait pas que de lui causer de grandes appréhensions : Les 3 500 000 francs de son trésor des Tuileries seraient bien vite épuisés ; et sa rente de deux millions serait insuffisante pour solder, et entretenir sa petite armée. Aussi gérait-il tout économiquement ; réglant ses dépenses avec cet ordre admirable, qui lui avait permis, pendant son règne, et tout en ayant une cour magnifique, en donnant des fêtes somptueuses, de réaliser les grandes économies qui lui avaient été si utiles pour les dépenses de la guerre de 1814, et dont il était heureux d'employer le reste dans l'île d'Elbe.

Il vivait simplement, tantôt à la ville, tantôt dans une maison de campagne ; entouré par sa mère et sa sœur la princesse Pauline; écrivant souvent à l'impératrice Marie-Louise, qui répondit pendant deux mois, et finit par ne plus lui écrire, emportée par d'autres sentiments, et cédant aux pressions de la cour d'Autriche. Il correspondit aussi secrètement plusieurs fois avec son beau-frère, le roi Murat....

Il faisait souvent de longues promenades, tantôt à cheval avec le grand maréchal Bertrand. et le général Drouot, tantôt en mer; parlant parfois longuement, des épisodes sensationnels de sa carrière.

Tout en se garant du commissaire anglais, qu'il avait agréé auprès de lui, il songeait aux affaires de la France, lisait les journaux, s'informait de l'état des esprits dans le peuple, dans la nation. A ses inquiétudes financières, se joignirent des préoccupations sur sa situation dans l'île d'Elbe; il savait qu'elle causait des appréhensions aux puissances, à l'Angleterre surtout, qu'on parlait de le déporter dans l'Océan.... Et il a dû se demander souvent s'il se laisserait faire; s'il n'était pas de son devoir de prendre les devants, de rentrer en France, pour se mettre à la tête de la masse de la nation, mécontente des Bourbons.

Un jour, il reçut la visite d'un ancien sous-préfet, M. Fleury de Chaboulon, qui avait vu le duc de Bassano avant de quitter la France, et qui lui donna des détails sur l'état d'impatience des esprits dans l'armée contre les Bourbons.... Il n'hésita plus, fit ses adieux à sa mère et à sa sœur ; fit organiser dans le plus grand secret l'embarquement de ses troupes, et se confia à la mer, sur sa petite flottille, le 26 février 1815, à huit heures du soir ; non sans emporter le restant de son trésor, et des paquets de proclamations, destinées au peuple et à l'armée, dans lesquelles il avait soin d'opposer au droit des Bourbons le droit populaire, et de mettre le succès définitif de de l'invasion sur le compte de la trahison, et des défaillances de Marmont et d'Augereau.

Le 1ᵉʳ mars, au point du jour, la petite flottille est à la hauteur du cap d'Antibes ; à une heure, elle mouille au golfe de Juan ; et le débarquement commence immédiatement. Un détachement d'une vingtaine de grenadiers veut pénétrer dans Antibes pour entraîner la garnison, mais il est arrêté et désarmé par le commandant d'armes. Napoléon ne s'en mit pas moins en marche à minuit ; son avant-garde commandée par Cambronne, le général qui devait s'immortaliser le soir de Waterloo. La colonne s'arrêta pendant deux heures à Cannes, puis se dirigea sur Grasse, et de là, gagna par la montagne Castellane, puis Digne,

Sisteron, Gap; le 6 mars, l'avant-garde de Cambronne était à La Mure, dans le cercle d'action de Grenoble. Le lendemain, la colonne marchait sur Grenoble où l'on avait concentré de nombreuses troupes, et se heurta à un bataillon de la garnison, qui barrait le défilé de Laffay, et refusa de répondre aux avances de l'avant-garde de Napoléon. Alors l'Empereur fit mettre l'arme sous le bras à ses grenadiers, s'avança à leur tête; puis à vingt mètres des soldats du bataillon, s'arrêta, et ouvrant sa redingote leur dit à haute voix : « Soldats du 5ᵉ s'il en est un parmi vous qui veuille tuer son empereur, me voilà! » Les soldats répondirent par le cri de « vive l'Empereur! » que répétèrent mille paysans accourus de toutes parts.

La période critique de l'expédition était passée. A partir de ce moment, le voyage de l'Empereur devint un triomphe. Avant qu'il n'arrivât dans Grenoble, tout un régiment entraîné par le colonel de Labédoyère vint se joindre à sa troupe; toute la garnison de Grenoble l'acclama, pendant que les généraux se retirèrent. A Lyon, Macdonald, qui voulut faire son devoir, fut obligé de s'enfuir. Ney, qui était accouru de Besançon à Lons-le-Saunier, décidé à arrêter la marche de Napoléon, se laissa gagner par l'entraînement général et se jeta dans les bras du chef qui l'avait si souvent conduit à la victoire.

L'enthousiasme des populations s'étendit de proche en proche, et devint irrésistible. La royauté aux abois n'eut plus qu'à quitter le pays. Le 20 mars, l'Empereur rentra dans le palais de Fontainebleau, par la cour du « Cheval-Blanc »; dès le soir, il était aux Tuileries, salué par des acclamations fanatiques.

Cette période mouvementée, passionnée de notre histoire, qui montre jusqu'à quel point le culte de Napoléon était profond dans le cœur du peuple, a été remarquablement décrite par M. Henri Houssaye de l'Académie française. C'est dans les trois volumes de son chef-d'œuvre *1815*, qu'il faut lire les détails du retour de l'île d'Elbe, comme de tout ce qui touche à la chute de l'Empire.

** **

Cette rentrée en scène de Napoléon qui s'annonçait si brillante, ne fut pour lui qu'une source de tracas, de préoccupations, de tristesses. Il était revenu à Paris plein d'activité, de résolution, de foi dans l'avenir; heureux d'avoir si facilement réussi; disant à Molé : « L'impossible n'est que le fantôme des timides, et le refuge des poltrons »; prêt à tout entreprendre, à tout surmonter. Et bientôt il sentit surgir les difficultés de toutes parts : l'enthousiasme s'était bien vite éteint; les classes laborieuses restaient dévouées, prêtes à se lever pour la défense de l'Empereur; mais partout ailleurs, on envisageait l'avenir avec inquiétude, effroi; la réforme de la constitution, « l'acte additionnel », qui donnait à la France la plus grande somme de liberté qu'elle avait jamais eue, n'en était pas moins discuté avec aigreur par tous les partis, sauf par le peuple qui le vota sans le lire; la fête du Champ de Mars, sur laquelle l'Empereur comptait pour réveiller l'esprit public, se traîna longuement, lourdement, presque tristement; la rentrée des chambres montra que l'essai libéral se heurterait à bien des difficultés; en province, l'esprit révolutionnaire se manifestait dans bien des départements; dans le Midi et en Vendée, il y avait des soulèvements royalistes, d'autant plus graves qu'ils étaient secrètement encouragés par le ministre de la police, Fouché....

On conçoit qu'au milieu de ces préoccupations, sous l'influence de ses chagrins de famille, de l'éloignement de sa femme et de son fils, l'Empereur ait montré parfois sa tristesse à ses intimes, à la reine Hortense, à Lavalette; et leur ait fait remarquer combien les signes d'adversité étaient persistants; combien son étoile avait pâli et paraissait être à son déclin.

Leur a-t-il parlé aussi de l'étendue de la responsabilité qu'il avait encourue vis-à-vis de la France, en abandonnant l'île d'Elbe, et en se lançant dans cette aventure héroïque des Cent-Jours, dont il sentait maintenant toutes les lourdes difficultés? S'est-il demandé à lui-même si le pays lui pardonnerait d'avoir attiré sur lui de nouvelles calamités, une nouvelle invasion?

Le pays lui a pardonné. La masse de la nation s'est intéressée avec passion à son effort suprême, comme si elle le lui eût demandé; comme s'il était naturel de tout tenter pour revivre ces journées de gloire, de victoires éclatantes, qui avaient tant fait vibrer les cœurs; comme si 1814 n'avait pas été suffisant pour clore l'épopée impériale, et s'il était nécessaire de la terminer par un chant plus grandiose, plus tragique encore.

Quant à lui, quant aux pensées qui ont dominé son esprit, faut-il en arriver à l'explication que donne Chateaubriand, dans ses *Mémoires d'outre-tombe*, lorsque après avoir sévèrement blâmé le retour de l'île d'Elbe, il s'écrie : « ...Pour les êtres de la nature de Napoléon, une raison d'autre sorte existe : ces créatures à haut renom ont une allure à part : les comètes décrivent des courbes qui échappent au calcul... s'il se trouve un globe sur leur passage, elles le brisent et rentrent dans les abîmes du ciel ; leurs lois ne sont connues que de Dieu.... Ce n'est pas tout de naître pour un grand homme : il faut mourir !... »

*
* *

Les préoccupations intérieures étaient graves ; celles de l'extérieur l'étaient bien davantage : La coalition s'était reformée, et mettait sur pied 1 million d'hommes ; l'Europe tout entière se levait pour « livrer à la vindicte publique le perturbateur du repos du monde ». Déjà deux grandes armées étaient sur pied en Belgique : l'une de 93 000 Anglo-Hollandais, commandée par Wellington, avait son quartier général à Bruxelles ; l'autre de 117 000 Prussiens, commandée par Blücher, avait son quartier général à Namur.

Dès sa rentrée à Paris, Napoléon s'était mis à l'œuvre pour réorganiser son armée et pour tirer du pays épuisé tout ce qu'il pourrait donner en vue de la lutte suprême qui allait s'ouvrir. Mais les difficultés étaient grandes, et l'Empereur n'avait plus sa toute-puissance d'autrefois. Les ressources en hommes étaient limitées à ceux qui étaient présents sous les drapeaux, et qui atteignaient le nombre restreint de 210 000 hommes; à l'appel de la classe 1815, et à la mobilisation d'une partie des gardes nationales. Les arsenaux étaient épuisés, les fusils surtout étaient en trop petit nombre; il en était de même pour les magasins d'habillement, d'équipement; il y avait pénurie de chevaux pour la cavalerie et surtout pour l'artillerie. Les places fortes laissaient à désirer comme armement et approvisionnement. Et par-dessus tout, les ressources budgétaires étaient insuffisantes.

Bien secondé par le ministre de la Guerre, le maréchal Davout, l'Empereur surmonta ces difficultés avec son activité, sa puissance de travail, son génie d'organisation habituels. A la fin de mai, l'armée active comprenait 291 000 hommes, et l'armée auxiliaire 222 000. Le 14 juin, une armée, bien organisée, peu disciplinée mais ardente pour le combat, était rassemblée, près d'Avesnes, sur la frontière belge, autour de l'Empereur qui venait de la rejoindre. Elle comprenait 124 000 hommes. Le restant des effectifs servait à garder les frontières, le Rhin sous Rapp, les Alpes sous Suchet, les Pyrénées... les places fortes, la Vendée....

La désignation des chefs de l'armée de Belgique

avait été particulièrement difficile; car l'Empereur refusa de se servir des généraux qui s'étaient par trop compromis avec les Bourbons. De tous ses maréchaux, il n'en utilisa que trois dans l'armée qu'il allait commander directement : Grouchy, qui venait d'être promu maréchal; Ney et Soult, dont il crut devoir oublier la conduite vis-à-vis des Bourbons, pour ne penser qu'aux glorieux services qu'ils avaient rendus, et qu'ils pourraient rendre encore. Soult remplit le rôle, si bien tenu autrefois par Berthier, il fut nommé major général. Ney et Grouchy furent destinés à commander, suivant les besoins, des groupes de corps d'armée.

Les corps d'armée furent confiés à des généraux de valeur et d'expérience, comme d'Erlon, Reille, Vandamme, Gérard, Lobau; les corps de cavalerie à Pajol, Exelmans, Kellermann, Milhaud....

Ces choix paraissaient excellents. Malheureusement, le major général Soult ne fut d'aucune utilité à l'Empereur. Il laissa commettre, vis-à-vis de d'Erlon et de Grouchy notamment, des lacunes, des fautes d'état-major qui ne peuvent être expliquées que par une fatigue d'esprit, provenant de sa fausse position en face de l'armée, et du souvenir du zèle exagéré dont il avait fait preuve, comme ministre de la guerre des Bourbons, contre Napoléon pendant son séjour à l'île d'Elbe. On a souvent regretté que l'Empereur n'eût pas songé à donner cette place de major général à l'homme exceptionnellement distingué qu'était le maréchal Suchet. C'est très vrai : une interversion de rôles entre Suchet et Soult aurait pu amener de grands, d'heureux résultats.

Le maréchal Ney fut, lui aussi, gêné, énervé par le souvenir de son zèle bruyant vis-à-vis des Bourbons. Nous allons le retrouver, dans les batailles plus brave, plus intrépide que jamais ; mais avec fièvre, sans le sang-froid dont il a fait preuve si souvent dans son admirable, glorieuse carrière. C'est lui qui commandera la cavalerie à Waterloo avec une fougue sans pareille, mais sans se donner le temps de réfléchir, de combiner ses efforts. Et souvent, Napoléon regrettera de n'avoir pas osé appeler à lui, pour sa dernière lutte, son beau-frère, le roi Murat, l'entraîneur par excellence de la cavalerie : « Murat, dira-t-il plus tard à Sainte-Hélène, nous aurait peut-être valu la victoire.... Jamais on ne vit à la tête de la cavalerie quelqu'un de plus déterminé, de plus brave, de plus brillant.... »

Quant à Napoléon lui-même, il ne fut jamais plus clairvoyant, plus admirable de coup d'œil, plus prompt à se décider que dans cette courte et impressionnante campagne de 1815; et aussi, quoi qu'on en ait dit, plus actif : « Sur quatre-vingt-seize heures, écrit M. Henri Houssaye, cet homme que l'on représente comme abattu et déprimé par la maladie, sans énergie, sans résistance au sommeil, et incapable de se tenir à cheval, prit à peine vingt-quatre heures de repos; et en supposant qu'il ait mis pied à terre pendant les trois quarts du temps des deux batailles, il resta en selle plus de trente-sept heures. En 1815, Napoléon était encore d'une santé à supporter les fatigues de la guerre, et son cerveau n'avait rien perdu de sa puissance.... »

Ce qu'il faut admettre, pour comprendre certaines lourdeurs dans l'exécution de ses ordres, c'est qu'il n'inspirait plus, en 1815, la même confiance à ses généraux, à ses maréchaux, qu'en 1805, 1806, à l'époque d'Austerlitz, et d'Iéna; c'est que les revers de Russie, d'Allemagne, l'invasion de la France, pesaient sur les esprits; que ses lieutenants ne pouvaient avoir la même foi, qu'au début de l'Empire, dans l'étoile de leur chef; la même ardeur, le même entrain pour braver les périls et les difficultés, pour rivaliser d'audace, pour chercher à se distinguer sous les yeux de leur glorieux et heureux souverain, et à mériter ses éloges et ses faveurs. Le moral de l'Empereur était intact; celui de son entourage ne l'était pas.

* *
*

La campagne de 1815 ne dura que quatre jours : Napoléon passa la Sambre, autour de Charleroi, le 15 juin, et divisa son armée en deux ailes et une réserve. L'aile gauche, commandée par le maréchal Ney, comprend les corps Reille et d'Erlon, plus quatre divisions de cavalerie, et doit marcher sur Quatre-Bras. L'aile droite, commandée par le maréchal de Grouchy, comprend les corps Vandamme et Gérard, et deux corps de cavalerie Pajol et Exelmans ; elle doit marcher sur Sombreffe. L'Empereur conserve dans la main la réserve, composée du corps Lobau, de la garde, et des cuirassiers Milhaud, pour se porter tantôt sur une aile, tantôt sur l'autre, suivant les circonstances.

Au reçu de la nouvelle de l'entrée en Belgique de Napoléon, le vieux Blücher se hâta de concentrer ses troupes à Sombreffe, pour accepter la bataille derrière le ruisseau de Ligny ; mais il ne parvint à y réunir que trois de ses corps d'armée sur quatre. Wellington fut plus long à concentrer son armée; il passa la nuit du 15 juin, au bal à Bruxelles; le 16 au matin, il était à Quatre-Bras, où il se hâta d'attirer quelques-unes de ses divisions.

Ce jour-là, pendant que Ney était en marche pour occuper Quatre-Bras, Napoléon se porta avec sa réserve sur Fleurus, pour prendre lui-même le commandement de l'aile de Grouchy, et pour attaquer les corps prussiens signalés autour de Sombreffe. La bataille de Ligny eut lieu; elle se développa comme la « bataille napoléonienne » classique : l'ennemi fut vigoureusement attaqué, maintenu sur tout son front, pendant que se préparait « l'événement », qui devait décider l'intervention de la réserve et l'attaque générale de tous les corps.

« L'événement » devait être, conformément aux intentions parfaitement exécutables de Napoléon, l'intervention du corps d'Erlon, qui reçut l'ordre de quitter la colonne de Ney, pour dépasser la gauche de notre armée de Ligny, déborder la droite prussienne et agir énergiquement sur le flanc et les derrières de Blücher. Cet ordre fut si mal transmis que le corps d'Erlon oscilla, inutile, entre l'armée de l'Empereur, et les troupes de Ney.

« L'événement » ne se produisit pas. Malgré

cela, l'Empereur, saisissant le moment avec son admirable coup d'œil, du haut du moulin de Ligny, fit pousser brusquement, avant la nuit, par le corps de Gérard, la garde et les cuirassiers de Milhaud, une attaque centrale qui réussit, ouvrant une large brèche dans les formations prussiennes. A ce moment, de toutes parts nos troupes se portèrent en avant, pendant que la nuit s'étendait sur le champ de bataille. La victoire était complète.

C'est en vain que Blücher était accouru avec sa cavalerie, qu'il avait fait charger et recharger pour arrêter nos succès. Le vieux maréchal fut lui-même renversé sous son cheval; et sauvé péniblement par son aide de camp; l'armée prussienne resta pendant plusieurs heures sans nouvelles de son chef. Elle paraissait être en bien mauvaise posture; dans plusieurs directions ses troupes se retiraient en aussi grand désordre qu'après Iéna. Avec leur grande expérience de la guerre, Napoléon et Soult la crurent, pour plusieurs jours, hors d'état de combattre.

Il n'en fut rien. De leur propre initiative, les officiers de l'état-major prussien coururent de tous côtés pour constituer des points de résistance; pour remettre de l'ordre dans les colonnes; ou tout au moins pour pousser les bandes emmêlées, qui encombraient les chemins, dans la direction indiquée par le chef d'état-major Gneisenau. Quand, pendant la nuit, le vieux Blücher reprit son commandement, il s'empressa de faire indiquer à ses troupes comme point de réunion, Wavre, c'est-à-dire le Nord, la possibilité de se réunir à l'armée alliée de Wellington.

Cette intervention si efficace de l'état-major prussien fut incontestablement une des causes principales des succès des alliés dans cette campagne.

Le lendemain 17, Napoléon reçut vers sept heures du matin des renseignements de la cavalerie de Pajol qui avait poursuivi les Prussiens vers Namur et l'Est; il apprit en même temps que Ney s'était battu la veille contre de nombreuses troupes anglaises, et qu'il n'avait pas pu occuper Quatre-Bras; mais ces renseignements n'étaient pas assez précis sur la direction générale suivie par l'armée prussienne, et sur ce qui se passait aux Quatre-Bras dans la matinée même. Un bon état-major aurait dû employer la nuit et la matinée à chercher et à obtenir, coûte que coûte, ces renseignements; le nôtre n'avait rien fait, rien prévu.

Ce ne fut qu'à onze heures, sur de nouveaux avis, que l'Empereur se décida à lancer Grouchy et ses deux corps d'armée à la suite de Prussiens, en lui indiquant la route de Namur comme première direction. Le maréchal de Grouchy ne fit ce jour-là que quelques kilomètres. Le lendemain 18, sur des renseignements recueillis dans le pays, il rectifia sa direction, et au lieu de chercher les Prussiens vers Namur et l'Est, il remonta vers le Nord et Wavre, où ils s'étaient bien réellement rassemblés. Mais il ne reçut dans la matinée aucune nouvelle de l'armée de Napoléon; l'état-major ne lui apprit, que quand il était trop tard, la marche de l'Empereur vers le Nord et son intention de livrer bataille aux Anglais; de sorte que rien ne stimula le maréchal pour gagner du temps, et chercher, coûte que coûte, sinon à arrêter les Prussiens, tout au moins à intervenir lui-même dans la bataille. Insuffisamment orienté, il se trouva aux abords de Wavre à l'heure où l'armée prussienne intervenait si efficacement sur les flancs et les derrières de notre armée, dans la mémorable journée de Waterloo...

Après avoir fait partir Grouchy le 17 de Ligny à la suite des Prussiens, l'Empereur avait dirigé sa réserve vers les Quatre-Bras, espérant y trouver encore les Anglais et tomber sur leur flanc. Il y marcha lui-même à la tête la cavalerie; mais il ne trouva plus qu'une arrière-garde de cavalerie, qui se retira aux premiers coups de canon. Lord Uxbridge qui commandait cette arrière-garde « aperçut soudain, sortant d'un pli de terrain, un cavalier suivi d'une petite escorte. Son visage, son corps, son cheval, éclairés à revers, paraissaient tout noirs ; une statue de bronze sur un fond lumineux où poudroyait le soleil. A la silhouette, lord Uxbridge reconnut Napoléon. « Feu! Feu! cria-t-il, et pointez bien. » Les canons grondèrent. L'Empereur fit avancer une batterie à cheval de la garde, et bientôt les Anglais se retirèrent chargés par nos cavaliers, au milieu d'éclairs aveuglants, sous la pluie d'orage qui commençait à tomber [1] ».

Les Anglais s'arrêtèrent et prirent position au Sud de Waterloo. L'Empereur les suivit, et fit bivouaquer son armée, en face de leurs positions, dans les terres détrempées par la pluie, qui ne cessa de tomber toute la nuit.

Le lendemain 18 juin, l'attaque des Anglais, immobiles dans leur belle position de Waterloo, aurait pu, aurait dû, commencer dès le matin; mais l'Empereur jugea le terrain trop détrempé pour permettre les manœuvres de l'artillerie; et puis il croyait n'avoir rien à redouter d'un retard,

---

1. Henri Houssaye, *1815 — Waterloo.*

puisque « les Prussiens devaient être hors de
combat pour plusieurs jours ». Il ne fit déployer
ses troupes que vers dix heures, et les passa en
revue, sa dernière revue ! Puis il fit commencer
l'attaque, vers onze heures et demie.

La bataille débute violemment sur notre gauche,
pour attirer de ce côté l'attention et les réserves
de l'ennemi. Puis, l'action se poursuit au centre
et à notre droite, par des assauts merveilleux
d'énergie, bien préparés par l'artillerie, vaillamment poussés tantôt par notre infanterie, tantôt
par notre héroïque cavalerie, et commandés avec
un entrain, un acharnement, une fureur sans
pareils par le « brave des braves » : le maréchal Ney est à la tête de toutes les attaques et
perd cinq chevaux, tués sous lui au plus fort de
la mêlée. « Jamais, dit M. Henri Houssaye, en
aucune bataille, aucun chef, aucun soldat, ne
s'est tant prodigué. Ney a surpassé Ney. »

Malheureusement, ces attaques sont dirigées
sans idée d'ensemble, sans que les diverses armes
se soutiennent suffisamment les unes les autres.
Elles échouent contre la résistance opiniâtre,
héroïque aussi, des Anglais remarquablement
commandés par le « Duc de fer », par Wellington.
L'Empereur n'avait pas pu diriger lui-même,
coordonner nos efforts. Dès une heure et demie,

on lui avait signalé l'arrivée des Prussiens sur notre aile droite. Toute son attention se porta de ce côté ; il sentit l'énorme danger qui le menaçait, et fut obligé d'y faire face en engageant la plus grande partie de ses réserves, et en se privant ainsi des forces qui lui auraient sûrement permis de venir à bout de la résistance des Anglais. « L'événement » qui lui avait si souvent donné la victoire, qui avait si souvent troublé, terrorrisé, ses adversaires, se tournait contre lui, cette fois-ci, et dans des conditions exceptionnellement tragiques.

Vers sept heures du soir, les masses prussiennes grossissaient toujours sur notre droite ; la gauche anglaise était déjà prolongée par un de leurs corps. N'importe ! l'Empereur essaie un suprême effort pour rattacher la victoire à ses aigles. Il donne l'ordre de lancer contre les Anglais, les bataillons de la moyenne garde ; et de considérer cet assaut de la garde comme le signal d'une attaque générale de l'armée : des officiers galopent sur toute la ligne pour prescrire cette attaque, pour annoncer qu'on entend le canon de Grouchy.... Hélas ! on entendit bien le canon sur notre droite ; mais ce n'était pas celui de Grouchy ; c'étaient les canons prussiens dont les boulets ravagèrent bientôt cruellement nos rangs.

L'armée tout entière a les yeux fixés sur les bataillons de la garde. Ils marchent à l'assaut, calmes, superbes, l'arme au bras, alignés comme pour la parade. Ney, Friant, tous leurs généraux sont à leur tête. Un feu de mitraille épouvantable décime leurs rangs; on les voit se resserrer, la tête haute, aux cris de « vive l'Empereur! »…. Ils parviennent sur la crête des Anglais, rejettent les premières troupes, prennent des batteries; mais les Anglais se reforment énergiquement; de nouveaux corps leur arrivent écrasant de leurs feux nos bataillons, se jetant sur nos grenadiers et en repoussant les débris jusqu'au bas des rampes.

« Le cri : « La garde recule! » retentit comme le glas de la Grande Armée [1]. » Bientôt, au signal de Wellington, toute l'armée anglaise se dresse, et descend de ses positions pour tomber sur nos soldats surpris, paralysés; les Prussiens envahissent notre droite, nos derrières. Tout se débande, se désorganise dans nos troupes. C'est en vain que l'Empereur fait former le carré à quelques bataillons de la vieille garde, pour organiser un centre de ralliement, de résistance. Ils sont bientôt submergés par les flots des ennemis qui accourent

1. Henri Houssaye, *1815 — Waterloo*.

de toutes parts, ardents à la curée. Sur l'ordre
de Napoléon, nos carrés reculent impassibles,
décimés. C'est dans l'un d'eux que tombe, blessé
grièvement, le général Cambronne, après avoir
crié le fameux mot, que la légende a transformé
en : « la garde meurt et ne se rend pas! »

L'Empereur se retira avec ces carrés jusqu'à
Genappe; puis il gagna les Quatre-Bras, avec
Soult, Drouot, Bertrand... « et mit pied à terre
près d'un feu de bivouac qu'attisaient quelques
grenadiers de la garde. Un officier blessé, qui
fuyait le long de la route, reconnut l'Empereur
à la lueur du foyer. Il se tenait debout, les bras
croisés sur la poitrine, immobile comme une
statue, les yeux fixes tournés vers Waterloo ».

Après avoir eu la présence d'esprit de songer à
Grouchy et de lui faire porter l'ordre de se replier
derrière la Sambre, Napoléon remonta à cheval,
et arriva à Charleroi à cinq heures du matin, au
milieu du désordre, du désarroi général....

La grande épopée était finie. Son dernier chant
fut aussi émouvant, aussi tragique, que les
premiers avaient été brillants, radieux, resplen-
dissants de gloire. La merveilleuse carrière de
l'Empereur s'est terminée au milieu de charges
audacieuses, d'assauts furieux, d'efforts héroïques,
qui ont entouré sa chute comme d'une auréole de

gloire inoubliable. La comète s'est brisée; elle est rentrée dans les abîmes du ciel, après une catastrophe impressionnante, terrible, dont les hommes parleront à tout jamais comme d'un des plus grands événements du monde.

CHAPITRE X

L'ABDICATION. — SAINTE-HÉLÈNE

Après la défaite. ‖ L'abdication imposée par la Chambre. ‖ Napoléon II. ‖ De 1796 a 1815. ‖ L'Empereur se livre aux Anglais. ‖ A Sainte-Hélène. ‖ Les six années de captivité. ‖ Napoléon dicte ses Mémoires. ‖ La mort de l'aigle.

L'empereur rentra à Paris, à l'Élysée, le 21 juin, décidé à tout faire pour la France, mais sans sortir de la légalité. D'accord avec le conseil des ministres, il voulut se faire donner la dictature et proroger les Chambres pour résister énergiquement à l'invasion. Pendant qu'on discutait à l'Élysée, la Chambre agissait, et sur la proposition de Lafayette déclarait que « l'indépendance de la nation était menacée; que la Chambre se déclarait en permanence; que toute tentative pour la dissoudre serait un crime de haute trahison.... » Puis, enhardis par le silence de

Napoléon, les députés parlèrent d'abdication, de déchéance.

Les propositions faites dans ce sens à la Chambre furent immédiatement communiquées à l'Empereur, et l'affligèrent au plus haut point. Il sentit qu'en cédant il allait ouvrir, toutes grandes, les portes de Paris à l'étranger; et cependant il avait pris la ferme résolution de respecter les droits de la Chambre, qu'il venait de créer lui-même par l'acte additionnel. Dès le 22, il abdiqua en faveur de son fils, qu'il déclara empereur des Français, sous le titre de Napoléon II.

Aussitôt, la Chambre envoya des plénipotentiaires négocier avec les coalisés; et d'accord avec la Chambre des pairs, nomma une commission chargée d'assurer le gouvernement, à la tête de laquelle fut mis Fouché, bien préparé à remplir en 1815, vis-à-vis de l'étranger et des Bourbons, le rôle joué en 1814 par Talleyrand.

Napoléon ne prit plus part aux affaires. Il se tenait dans ses appartements, ou dans le jardin de l'Élysée, entouré de ses frères, de la reine Hortense; ou seul, paraissant calme, résigné plutôt qu'abattu.

Dans ces ces longues heures d'isolement, de tristesse, a-t-il songé seulement aux misères du moment, à la catastrophe qui venait de briser sa carrière? N'a-t-il pas aussi jeté un regard au delà, sur l'ensemble de son œuvre?

A-t-il revu ses années de jeunesse, passées dans l'étude, dans le travail obstiné, pendant que ses camarades de régiment se distrayaient, s'amusaient? A-t-il revu ses jeunes ambitions pour la Corse, si ardentes et si vite déçues? Son début en France au siège de Toulon, et sa première grande joie militaire, quand il vit adopter ses idées sur le véritable point d'attaque de la place; puis ses travaux préparatoires de deux années par la direction des opérations de l'armée d'Italie; son premier commandement en chef, son immortelle campagne de 1796 : Montenotte, Castiglione, Bassano, Arcole, Rivoli; l'Italie à ses pieds...; puis l'expédition d'Égypte se déroulant sous le soleil comme un roman glorieux, merveilleux; sa rentrée en France, juste au moment où l'opinion publique réclamait un sauveur pour mettre fin à l'anarchie; et alors, les années inoubliables du Consulat, le labeur gigantesque qu'il a réalisé pour pacifier la France, établir le Concordat, pour refaire l'administration, la justice, pour rétablir le crédit, la sécurité; créer les codes, créer la Légion d'honneur; construire des routes, des canaux, des monuments?

S'est-il revu travaillant une partie de ses

journées avec le Conseil d'État, le restant du jour
et ses soirées dans son cabinet pour les affaires
de gouvernement, se levant parfois la nuit pour
travailler sur la carte, pour aligner rigoureuse-
ment les chiffres destinés à la préparation de ses
campagnes; et supportant cet énorme labeur sans
jamais manifester la moindre fatigue? S'est-il
revu étonnant, dominant son entourage par la
vivacité, la promptitude, et en même temps par la
sagesse de son jugement, par sa prudence;
n'engageant jamais une affaire grave « sans l'avoir
longuement méditée, sans avoir pesé tout ce qui
pourrait arriver »; brusquant parfois les choses,
ayant des colères violentes, voulues, pour pouvoir
agir plus vite, lorsque ses réflexions lui avaient
fait sentir la nécessité, l'utilité de gagner du temps?

A-t-il revu ce tournant mémorable de sa
carrière, quand, vers la fin du Consulat, profondément irrité par l'Angleterre, il a renoncé brusquement à ses idées de paix, si saines, si élevées,
pour relever le gant qu'on lui jetait, et pour se
lancer dans cette guerre interminable qui a
rempli toute sa carrière, et où l'Angleterre a
entraîné contre lui, contre la Révolution, l'Europe
entière?

A-t-il revécu ces journées de triomphe merveilleux, Ulm, Austerlitz, Iéna, Friedland...; ayant

NAPOLÉON,

par P. Delaroche. (Collection du Duc de Portland.)

Photo. Braun, Clément et C¹ᵉ.

autour de lui ses compagnons de gloire, ses maréchaux, dominés par ses talents, rivalisant de zèle et d'audace pour mériter ses faveurs; et derrière lui, sa vaillante, héroïque armée, « la Grande Armée » du camp de Boulogne, animée d'un dévouement fanatique pour son empereur, croyant à son étoile comme il y croyait lui-même, ayant une foi illimitée dans son génie; et les nations étonnées, subjuguées par tant de grandeur; et lui rentrant en France au milieu d'acclamations enthousiastes, d'ovations inouïes, donnant les noms de ses victoires aux voies de sa capitale, décrétant la construction de colonnes, d'arcs de triomphe monumentaux qui rappelleront à tout jamais l'éclat de ses succès, la valeur de son armée, l'époque où, après avoir dominé l'Italie, l'Égypte, la France, il dominait l'Europe entière.

Ensuite, que d'inquiétudes, d'amertumes, de tristesses, à la suite de cette funeste occupation de l'Espagne, si mal engagée, et de la fière défense des Espagnols si bien faite pour donner aux peuples de l'Europe l'idée, l'exemple de la résistance et de l'énergie! à la suite de toutes les guerres, que cette guerre maudite d'Espagne a allumées derrière elle, et qui de désastres en désastres ont abouti à Waterloo!... Et maintenant il se voyait seul, annulé, dans cette France qu'il avait voulu faire si grande, si haute, et qu'il aurait voulu défendre jusqu'au bout contre l'ennemi. Les chambres refusaient son concours, les ministres le trahissaient, pendant que ses anciens compagnons de gloire le délaissaient, que tous l'abandonnaient !

Non ! Tous ne l'abandonnaient pas ! Le peuple de Paris se chargea de le lui prouver, de lui montrer que tous ne désespéraient pas de la Patrie, n'oubliaient pas les gloires merveilleuses de l'Empire. Chaque jour, depuis son retour, la foule s'amassait devant l'Élysée, désireuse de lui montrer qu'elle avait conservé son affection, son culte pour son Empereur ; qu'elle n'avait pas perdu la foi dans son génie. Quand, après l'abdication, le bruit circula qu'on allait livrer Napoléon à l'ennemi, le peuple accourut plus nombreux, plus vibrant, plus irrité que jamais. Les appels, les cris devinrent formidables. L'Empereur fut obligé de se montrer ; et alors ce fut de l'enthousiasme, des acclamations sans fin qui ont dû mettre un baume sur le cœur de Napoléon.

Le gouvernement s'effraya de ces manifestations. Fouché fit prier l'Empereur de se retirer à la Malmaison. Il y consentit, bien décidé à éviter tout ce qui pourrait susciter une guerre civile ; et il quitta l'Élysée le 25 juin, après avoir brûlé les lettres et les protestations de dévouement qu'il avait reçues, et qui auraient pu compromettre leurs auteurs.

Il séjourna quatre jours à la Malmaison; puis il quitta Paris pour Rochefort, recevant partout des témoignages touchants de l'affection populaire.

Il aurait voulu se rendre en Amérique, officiellement, en souverain déchu, sur des frégates françaises. Mais pour cela, il aurait fallu l'autorisation du gouvernement français, l'assentiment des alliés; et il sentit bien vite qu'il ne les obtiendrait pas. On lui offrit de le faire partir, subrepticement, sur des bâtiments de commerce français ou américains; mais il lui répugnait de se conduire en aventurier.

Il se décida à réaliser une idée, dont la grandeur s'imposait à son esprit; à se livrer « comme autrefois Thémistocle[1], à la générosité de son puissant et constant ennemi »; à se confier lui-même aux Anglais; à demander « à s'asseoir, sous la protection de ses lois, au foyer du peuple britannique ».

Il se livra à l'escadre anglaise; et s'embarqua

1. Lettre de Napoléon au Prince-régent d'Angleterre.

17

à bord du *Bellérophon*, le 15 juillet, en empereur, coiffé de son chapeau légendaire, revêtu de son costume des chasseurs de la garde qu'il avait porté sur tant de champs de bataille. Le général Becker, qui l'escortait au nom du gouvernement français, lui avait demandé s'il devait l'accompagner jusqu'à l'escadre. « Non, lui avait répondu l'Empereur en le regardant tristement, longuement, il ne faut pas qu'on puisse dire que la France m'a livré aux Anglais ! »

*
* *

L'Angleterre ne se laissa pas émouvoir par tant de grandeur; elle lui assigna Sainte-Hélène pour résidence. Le voyage se fit à bord du *Northumberland* qui mit à la voile le 8 août. Napoléon avait été autorisé à emmener avec lui les généraux Bertrand, de Montholon, Gourgaud, et son secrétaire Las Cases.

Le vaisseau jeta l'ancre devant Sainte-Hélène le 15 octobre. L'Empereur fut tristement impressionné par l'aspect de cette île aux côtes escarpées, formant un plateau élevé, battue par les vents, exposée à des pluies torrentielles, ou à un soleil brûlant. « Ce pays est mortel, dit-il; partout où les fleurs sont étiolées, l'homme ne peut pas vivre.... » Et il a dû songer souvent à son île natale, à la Corse où les fleurs s'étalent si doucement au soleil, embaumant l'air de leurs parfums.

Son horrible captivité dura six ans, durant lesquels il fut privé de toute communication avec l'Europe, avec sa famille, avec sa femme et son fils. Pendant les premières années, il chercha à réagir contre le climat par des exercices, de longues promenades; contre le découragement par le travail.

Il dicta à ses compagnons de misères, et même à son premier valet de chambre Marchand, qui les ont fait publier, de nombreux mémoires sur ses campagnes, sur les guerres des grands hommes de l'histoire. Lorsqu'il voulait dicter, il songeait pendant quelques minutes; puis se levait, marchait, et parlait d'inspiration, sans s'arrêter pour chercher des noms, des dates, des mots. Le lendemain, il se faisait relire le travail de la veille; et, à la première correction, reprenait le sujet déjà écrit, et le dictait à nouveau plus clair, plus complet. Quand le travail était terminé, il se faisait présenter tous les brouillons, et prescrivait de brûler ceux qui étaient inutiles.

Souvent, il causait longuement; sa parole était vive, animée, imagée, pleine d'intérêt. Beaucoup de ses conversations ont été publiées par ses compagnons de captivité. Elles ont trait à tous les sujets, à ses maréchaux, à ses campagnes, aux causes de sa chute, à ses souvenirs d'école et de régiment, à son arme de l'artillerie, dont il aimait à rappeler les bonnes traditions.... Son entourage était subjugué, dominé par la hauteur, la sûreté de ses idées; ému, profondément touché, par son inépuisable bonté, qui était un des traits les plus saillants de son caractère.

Il écrivit lui-même son testament; y ajoutant de nombreux codicilles, pour léguer des souvenirs à tous ceux qui l'avaient aidé dans sa carrière, ou à leurs enfants.

Bientôt sa santé s'altéra; les tristesses s'accentuèrent; plusieurs de ses compagnons de captivité furent éloignés, ou forcés de s'éloigner: son médecin O'Méara, Las Cases, le général Gourgaud. Il resta sans médecin jusqu'au jour où son oncle, le cardinal Fesch, lui fit envoyer le docteur Antomarchi, accompagné de deux prêtres corses.

Les derniers mois furent particulièrement douloureux. On ne sait pas tout encore sur cette tristé et pénible période. La lumière ne sera complète que lorsqu'on connaîtra les souvenirs de tous ceux qui l'ont assisté jusqu'au bout; et l'on ne sait encore rien du grand maréchal, le général Bertrand, et de son fidèle valet de chambre, Marchand.

« L'ombre s'est étendue, écrit M. Frédéric Masson[1], de l'Académie française, sur l'agonie de Napoléon; comme si à de telles souffrances nulle parole ne pouvait correspondre; comme si le rêve convenait seul pour les imaginer, et pour émouvoir dans l'âme des descendants à la fois toutes les pitiés et toutes les colères. »

Plus loin, M. Frédéric Masson ajoute qu'il faut deviner ce qui s'est passé pendant l'angoisse des jours alternativement pluvieux et torrides, dans le cœur et l'esprit du grand reclus : condamné à vivre dans la misérable cabane dont les rats trouent le parquet pourri et les murs en délâbre; vêtu de ses vieux habits de chasse rapetassés, retournés; chaussé de souliers de paysans anglais qui blessent ses pieds; sentant l'hépatite qui s'accroît, le cancer qui ronge; et, malgré tout, songeant sans cesse à son empire détruit; ne voulant pas être plaint; restant empereur jusqu'au bout devant les deux seuls Français qui demeurent auprès de lui; mourant empereur.

Quelle tristesse poignante dans cette agonie! et aussi quelle grandeur!

1. Frédéric Masson, *Autour de Sainte-Hélène.*

Au commencement de l'année 1821, la maladie s'aggrava. Le 17 mars il était alité et songeait à son passage à Auxonne, au retour de l'île d'Elbe. « Il y a six ans, à pareil jour, dit-il à son entourage, il y avait en France des nuages au ciel. Ah! je serais guéri, si je voyais ces nuages! » Quelques jours après, il se fit administrer.

Le 2 mai, le délire s'empara de lui. Ce furent les souvenirs impressionnants, ineffaçables de ses glorieuses campagnes d'Italie, les bases de sa carrière, qui vinrent hanter son cerveau. On l'entendit s'écrier : « Stengel, Desaix, Masséna! Ah! la victoire se décide.... Allez! du courage! pressez la charge! Ils sont à nous. »

Deux jours après, l'agonie commença, pendant qu'au dehors la tempête furieuse sévissait sur l'île. Le 5 mai, au lever du jour, on l'entendit murmurer : « Tête..., armée..., » d'après les uns; « France..., armée..., tête d'armée..., » d'après les autres. Quelques minutes après, il expira, « rendant à Dieu, dit Chateaubriand[1], le plus puissant souffle de vie qui anima jamais l'argile humaine »... Plus loin, Chateaubriand ajoute : « Aigle, on lui avait donné un rocher à la pointe duquel il est demeuré jusqu'à sa mort et d'où il était vu de toute la terre.... »

1. Chateaubriand, *Mémoires d'outre-tombe.*

Oui, il a été vu de la terre entière. Et la terre s'est émue, anxieuse, pleine de pitié, devant les tortures inouïes qui ont accompagné cette fin, et qui l'entourent comme d'une auréole de suprême et douloureuse poésie. Elle s'est inclinée respectueusement devant ce martyr, devant cette mort si grande dans sa misère; comme elle s'était courbée auparavant devant cette vie prodigieuse dont elle avait suivi tous les enivrements, tous les triomphes, la vie la plus merveilleuse de l'humanité.

*
* *

Immédiatement après la mort, le visage de Napoléon prit un aspect de beauté, de sérénité indéfinissable. « Il avait encore, a écrit le médecin anglais Burton, qui le vit à ce moment, son air de commandement; et son large front indiquait l'étendue de ses facultés intellectuelles.... » « Comme il est beau! s'écrièrent les Anglais, qui le virent alors, écrit lord Roseberry. La suprême touche de la mort avait restitué à ses traits la finesse et la régularité de ses jeunes années. »

Le moulage du visage fut fait, par Burton ou par Antomarchi, mais seulement deux jours après la mort, quand les traits s'étaient déjà affaissés.

On l'enterra au fond d'une petite vallée, près de deux saules pleureurs qu'il affectionnait. « Si je dois mourir sur ce rocher, avait-il dit au grand maréchal Bertrand, faites-moi enterrer au-dessous de ces saules, près de ce ruisseau. »

C'est là que son corps resta pendant près de vingt ans; non sans que l'opinion publique n'eût souvent réclamé la restitution à la France des restes du grand empereur. Il avait dit dans son testament : « Je désire que mes cendres reposent sur les bords de la Seine, au milieu du peuple français que j'ai tant aimé. »

En juillet 1840, le roi Louis-Philippe admit qu'on pouvait être Napoléonien, sans être Bonapartiste, et donna satisfaction aux vœux si légitimes, si pieusement insistants de la nation. Il annonça, aux acclamations de la France, que son fils, le prince de Joinville, irait, avec le général Bertrand, recueillir à Sainte-Hélène les restes mortels de Napoléon.

La flottille du prince de Joinville revint en France, sa mission terminée, le 30 novembre. De Cherbourg, elle se rendit au Havre, puis par la Seine, jusqu'aux portes de Paris, à Courbevoie; saluée de toutes parts par les populations, désireuses de joindre leurs manifestations enthousiastes à cet acte de piété nationale.

Le char, qui portait les glorieux restes, entra dans Paris le 14 décembre 1840, par la barrière de l'Étoile ; et, passant par l'avenue de la Grande-Armée, l'Arc de Triomphe, les Champs-Élysées, l'esplanade des Invalides, il fut conduit au dôme des Invalides. Il était escorté par de vieux soldats, par des officiers de toutes armes, revêtus de leurs anciens uniformes de la Grande Armée. Le peuple les salua d'acclamations sans fin.

Le roi Louis-Philippe attendait dans l'église. Il alla au-devant du cortège à l'entrée du dôme, et présida l'imposante et patriotique cérémonie.

Depuis cette époque, la tombe de granit du grand Empereur, du grand maître de la guerre, qu'entourent, comme la plus merveilleuse des épitaphes, les noms de ses batailles formidables, repose silencieuse, impressionnante, majestueuse, sous les hautes coupoles, doucement éclairées, du dôme des Invalides.

Elle est journellement visitée par de nombreux étrangers, par tous les souverains qui traversent Paris, et qui viennent s'incliner, émus, respectueux, devant cette gloire qui domine toutes les autres.

Le grand dôme qui surmonte la tombe, et dont la dorure chatoie au soleil par-dessus Paris, comme un énorme bijou, paraît n'avoir plus d'autre objet que de rappeler où sont les restes du grand Napoléon.

Les monuments, qu'il a fait élever lui-même dans sa glorieuse toute-puissance, les arcs de triomphe, les colonnes, les ponts qui s'appellent Austerlitz, Iéna, les larges avenues qui portent les noms de la Grande-Armée, de Wagram, de Friedland, d'Iéna... imposent son souvenir par-dessus tous les autres; et font songer aux merveilles d'énergie, de vaillance, d'héroïsme, que son génie et son cœur ont su tirer de la France.

Le grand dominateur est resté dominateur, même après sa mort. Son souvenir domine tous les autres.

TABLE DES GRAVURES

———

TABLE DES MATIÈRES

873-10. — Coulommiers. Imp. Paul BRODARD. — 9-10.

Dugard (M.). *La société américaine;*
2ᵉ édit. 1 vol.
Ouvrage couronné par l'Académic française.

Ferry (G.) : *Le coureur des bois.* 2 vol.
— *Costal l'Indien.* 1 vol.

Filon (A.) : *Mérimée et ses amis.* 1 vol.
— *La caricature en Angleterre.* 1 vol.

Funck-Brentano : *Légendes et archives
de la Bastille.* 1 vol.
— *Le drame des poisons.* 1 vol.
— *L'affaire du Collier.* 1 vol.
— *La mort de la reine.* 1 vol.
— *Les Nouvellistes.* 1 vol.
— *Figaro et ses devanciers.* 1 vol.
— *La Bastille des Comédiens.* 1 vol.

Gailly de Taurines (Ch.) : *Aventuriers
et Femmes de qualité.* 1 vol.
— *Père et fille,* Philippe de Campagne
et Sœur Catherine de Sᵗᵉ Suzanne à
Port-Royal. 1 vol.

Gaultier (Paul). *Le rire et la caricature.* 1 vol.
Ouvrage couronné par l'Académic française.

Gebhart (E.), de l'Académie française :
D'Ulysse à Panurge. Contes héroï-
comiques. 1 vol.

Liégeard (S.) : *Les grands cœurs,* poé-
sies. 1 vol.
— *Au caprice de la plume.* 1 vol.
— *Rêves et combats.* 1 vol.

Mézières (A.), de l'Académie française.
Hors de France; 1 vol.
— *Morts et vivants.* 1 vol.

Michelet (J.) : *L'oiseau;* 17ᵉ édit. 1 vol.

Millet (P.) : *La France provinciale.* Vie
sociale. — Mœurs administratives. 1 v.

Ralston : *Contes populaires de la Russie.* 1 vol.

Rosebery (Lord) : *Napoléon,* la dernière phase. 1 vol.

Tiersot (J.) : *Les fêtes et les chants
de la Révolution française.* 1 vol.

Valbert : *Hommes et choses d'Allemagne.* 1 vol.
— *Hommes et choses du temps présent.*
1 vol.

2ᵉ SÉRIE, A 3 FR. LE VOLUME

Du Mesnil (A.) : *Souvenirs de lectures.*
1 vol.

Erckmann-Chatrian : *L'ami Fritz.*
1 vol.

Meunier (G.) : *L'Œuvre de Cherbuliez.*
Extraits choisis à l'usage de la jeunesse, avec une notice sur la vie et
les œuvres de l'auteur. 1 vol.

Robertet (G.) : *L'Œuvre de Lamartine.*
Extraits choisis à l'usage de la jeu-
nesse, précédés d'une notice sur
Lamartine. 1 vol.

3ᵉ SÉRIE, A 2 FR. LE VOLUME

Joliet (Ch.) : *Mille jeux d'esprit.*
1 vol.
— *Nouveaux jeux d'esprit.* 1 vol.

Zaccone : *Nouveau langage des fleurs,*
avec 12 gravures en couleur. 1 vol.

4ᵉ SÉRIE, A 1 FR. LE VOLUME

About (Edm.) : *Alsace* (1871-1872). 1 vol.
— *Les mariages de Paris.* 1 vol.
— *Les mariages de province.* 1 vol.
— *La vieille roche :*
   1ʳᵉ partie : *Le mari imprévu.* 1 vol.
   2ᵉ partie : *Les vacances de la comtesse.* 1 vol.
   3ᵉ partie : *Le marquis de Lanrose.* 1 vol.
— *Le fellah.* 1 vol.
— *Tolla.* 1 vol.
— *L'infâme.* 1 vol.
— *Le Turco.— Le bal des artistes. — Le poivre. — L'ouverture au château. — Tout Paris. — La chambre d'ami. — Chasse allemande. — L'inspection générale. — Les cinq perles.* 1 vol.
— *Trente et quarante. — Sans dot. — Les parents de Bernard.* 1 vol.
— *Germaine.* 1 vol.
— *Maître Pierre.* 1 vol.
— *Madelon.* 2 vol.
— *Le roi des montagnes.* 1 vol.
— *Théâtre impossible.* 1 vol.
— *L'homme à l'oreille cassée.* 1 vol.
Barine (Arvède) : *Princesses et grandes dames.* 1 vol.
— *Poètes et névrosés.* 1 vol.
— *Bourgeois et gens de peu.* 1 vol.
— *Portraits de femmes (Mme Carlyle. — George Eliot. — Une détraquée. — Un couvent de femmes en Italie au xviᵉ siècle. — Psychologie d'une sainte).* 1 vol.
Bernardin de Saint-Pierre : *Paul et Virginie.* 1 vol.
Berthet (Élie) : *Les houilleurs de Polignies.* 1 vol.
Cherbuliez (V.), de l'Académie française : *Prosper Randoce.* 1 vol.
— *Paule Méré.* 1 vol.
— *Le roman d'une honnête femme.* 1 vol.
— *Meta Holdenis.* 1 vol.
— *Miss Rovell.* 1 vol.
— *Le comte Kostia.* 1 vol.
— *Samuel Brohl et Cⁱᵉ.* 1 vol.
— *L'aventure de Ladislas Bolski.* 1 vol.

Cherbuliez (V.) (suite) : *La revanche de Joseph Noirel.* 1 vol.
— *Noirs et rouges.* 1 vol.
— *La Ferme de Choquard.* 1 vol.
— *Olivier Maugant.* 1 vol.
— *La bête.* 1 vol.
— *La vocation du comte Ghislain.* 1 vol.
— *Après fortune faite.* 1 vol.
— *Une Gageure.* 1 vol.
— *L'idée de Jean Têterol.* 1 vol.
— *Amours fragiles.* 1 vol.
— *Le fiancé de Mˡˡᵉ Saint-Maur.* 1 vol.
— *Le secret du Précepteur.* 1 vol.
— *Jacquine Vanesse.* 1 vol.
— *Profils étrangers.* 1 vol.
Cottin (P.) et **Hénault** (M.) : *Mémoires du sergent Bourgogne.* 1 vol.
Du Camp (M.) : *Souvenirs littéraires.* 2 v.
Duruy (G.) : *L'Unisson.* 1 vol.
— *Victoire d'âme.* 1 vol.
Enault (L.) : *Alba.* 1 vol.
— *Nadèje.* 1 vol.
— *Christine.* 1 vol.
Filon (Aug.) : *Contes du centenaire.* 1 v.
— *Violette Mérian.* 1 vol.
— *Amours anglais.* 1 vol.
— *Vacances d'artiste.* 1 vol.
Gérard (Jules) : *Le Tueur de Lions.* 1 vol.
Kovalewsky (Sophie) : *Souvenirs d'enfance.* 1 vol.
Lamartine : *Mémoires inédits.* 1 vol.
Larchey (L.) : *Les cahiers du capitaine Coignet.* 1 vol.
Las Cases : *Souvenirs de l'Empereur Napoléon Iᵉʳ.* 1 vol.
Marco de Saint-Hilaire (E.) : *Anecdotes du temps de Napoléon Iᵉʳ.* 1 vol.
Poradowska : *Demoiselle Micia.* 1 vol.
Reybaud (Mᵐᵉ Ch.) : *Le moine de Chaalis.* 1 vol.
Saintine (X.-B.) : *Picciola.* 1 vol.
Tolstoï : *Souvenirs.* 1 vol.
Topffer (R.) : *Nouvelles genevoises.* 1 vol.
— *Rosa et Gertrude.* 1 vol.
— *Le presbytère.* 1 vol.
— *Réflexions et menus propos d'un peintre genevois, ou Essai sur le beau dans les arts.* 1 vol.

PETITE BIBLIOTHÈQUE DE LA FAMILLE

PREMIÈRE SÉRIE

Format in-16, illustré, à 3 fr. 50 le vol. br. — Rel. en percal., tr. dorées, 5 fr.

Albérich-Chabrol : *L'Orgueilleuse Beauté.* 1 vol. avec grav.
— *L'Offensive.* 1 vol.
— *Part à deux.* 1 vol.
— *De peur d'aimer.* 1 vol.
— *Au plus digne.* 1 vol.
Armand-Blanc (May) : *Bibelot.* 1 vol.
— *La maison des roses.* 1 v. avec 36 grav.
Aubier (F.) : *Trois filles à marier.* 1 vol.
Beauregard (G. de) : *Ordre du roi.* 1 vol.
Béral (Paul) : *Le mirage.* 1 vol.
Brada : *La voix qui accuse.* 1 vol.
Caro (Mᵐᵉ E.) : *Aimer c'est vaincre.* 1 vol. avec 40 grav.
Clavering Gunter : *Criminelle par Amour.* 1 vol.
Crawford (Marion) : *Insaisissable amour.* 1 vol. avec 64 gravures.
— *Le baiser sur la terrasse.* 1 v. av. 60 gr.
— *Haine de femme.* 1 vol.
Dourliac (A.) : *Le supplice d'une mère.* 1 vol. avec 35 gravures.
— *Liette.* 1 vol. avec 35 gravures.
Filon (Aug.). *Micheline.* 1 v. avec 15 grav.
Floran (Mary) : *Femmes de Lettres.* 1 v.
Géniaux : *Le Voueur.* 1 vol.
Green (A. K.) : *L'affaire Leavenworth.*
— *L'enfant millionaire.* 1 vol. av. grav.

Harlant : *La tabatière du cardinal.* 1 v.
Harraden (Béatrice) : *L'oiseleur.* 1 vol.
Jewett (Miss) : *Le roman d'un Loyaliste.* 1 vol. avec grav.
Legrand (Mlle B.) : *L'eau dormante.*
— *L'amour fait peur.* 1 v. avec 35 grav.
Le Queux : *Coupable ?* 1 vol.
Lescot (Mme) : *Un peu, beaucoup, passionnément.* 1 vol. avec 38 gravures.
— *Fêlure d'âme.* 1 vol. avec 36 grav.
— *Vaines promesses.* 1 v. ill. de 48 grav.
Longard de Longgarde (Mme) : *Une reine des fromages à la crème.* 1 vol.
— *Jouets du destin.* 1 vol. avec 44 grav.
— *Une réputation sans tache.* 1 vol.
Margueritte (P.) : *Ma Grande.* 1 vol.
Morel (Jacques) : *Muets aveux.* 1 vol.
Osmont (Anne) : *Le Sequin d'Or.* 1 vol.
Pape-Carpantier (Mlle) : *Kernevez.* 1 vol.
Pert (Com.) : *Mirage de bonheur.* 1 vol.
Relecq (I.) : *Le destin d'Hélène.* 2 vol.
Rosny (J.-H.), de l'Académie des Gon- illustré de 56 gravures.
Sevestre (N.) : *Le Trèfle rouge,* 1 vol.
— *L'Émouchet.* 1 vol.
Trouessart : *Le Choix de Ginette.* 1 vol.
Winter : *Mademoiselle Mignon.* 1 vol.
Zeyss (Mlle L.) trad. : *La Bienfaitrice.* 1 v.

DEUXIÈME SÉRIE

Format petit in-16, à 2 fr. le volume broché.
Relié en percaline gris-perle, tranches rouges, 2 fr. 50.

Arthez (D. d') : *Une vendetta.* 1 vol.
Borius (Mlle) : *Une perfection.* 1 vol.
Ouvrage couronné par l'Académie française.
— *Dernier rayon.* 1 vol.
Castetis (Yan de) : *Le moulin du diable.* 1 vol.
Chabrier-Rieder (Mme) : *Les écolières de Crescent-House.* 1 vol.
Dombre (R.) : *La garçonnière.* 1 vol.
— *Un oncle à tout faire.*
— *Les deux Parias.* 1 vol.
Fleuriot (Mlle Z.) : *La vie en famille.* 1 v.
— *Tombée du nid.* 1 vol.
— *Raoul Daubry,* chef de famille. 1 vol.
— *L'héritier de Kerguignon.* 1 v.
— *Réséda.* 1 vol.
— *Ces bons Rosaëc !* 1 vol.
— *Le cœur et la tête ;* 3ᵉ édit. 1 vol.
— *Au Galadoc.* 1 vol.
— *Bengale.* 1 vol.
— *Sans beauté.* 1 vol.
— *De trop.* 1 vol.
— *La clef d'or.* 1 vol.

Fleuriot (Mlle Z.) (suite) : *Loyauté.* 1 v.
— *La glorieuse.* 1 vol.
— *Un fruit sec.* 1 vol.
— *Les Prévalonnais.* 1 vol.
— *Sans nom.* 1 vol.
— *Souvenirs d'une Douairière.* 1 vol.
— *Faraude.* 1 vol.
— *La Rustaude.* 1 vol.
— *Le théâtre chez soi.* Comédies et proverbes. 1 vol.
Fleuriot-Kérinou : *De fil en aiguille.* 1 v.
— *Zénaïde Fleuriot,* sa vie, ses œuvres, sa correspondance. 1 vol.
Girardin (J.) : *Les théories du docteur Wurtz.* 1 vol.
— *Miss Sans-Cœur.* 1 vol.
— *Les braves gens.* 1 vol.
— *Mauviette.* 1 vol.
Jeanroy (J.-B.) : *Le sac de riz.* 1 vol.
Maël (P.) : *Fleur de France.* 1 vol.
— *Le trésor de Madeleine.* 1 vol.
Toudouze (G.) : *Reine en sabots.* 1 v.

D'autres volumes sont en préparation.

Dickens (Ch.) : *Olivier Twist.* 1 vol.
    Vie et aventures de Martin Chuzzlewit. 2 vol.
    Les grandes espérances. 2 vol.
    L'ami commun. 2 vol.
    Le mystère d'Edwin Drood. 1 vol.
Dickens et Collins : *L'abîme*, traduit de l'anglais. 1 vol.
Ebner-Eschenbach (Mme): *Un incompris* traduit de l'allemand. 1 vol.
Eliot (G.) : *Adam Bede*, traduit de l'anglais. 2 vol.
— *La conversion de Jeanne.* 1 vol.
— *Le moulin sur la Floss.* 2 vol.
— *Silas Marner*, le tisserand de Raveloe. 1 vol.
Esterre Keeling (d') : *Trois sœurs*, traduit de l'anglais. 1 vol.
Fullerton (Lady) : *Hélène Middleton.* 1 vol.
Gogol (N.) : *Les âmes mortes*, traduit du russe. 2 vol.
Goldsmith : *Le vicaire de Wakefield*, traduit de l'anglais. 1 vol.
Gray (M.) : *Le silence du doyen*, traduit de l'anglais. 1 vol.
Green (K.) : *La Dame au diamant*, trad. de l'anglais. 1 vol.
— *La romance fatale.* 1 vol.
Hall Caine : *Jason*, scènes d'Irlande, traduit de l'anglais. 2 vol.
Hardy : *Tess d'Urberville*, traduit de l'anglais. 2 vol.
Hauff : *Lichtenstein.* 1 vol.
Hedenstjerna : *Le seigneur de Halleborg*, traduit du suédois. 1 vol.
Heimbourg : *L'autre*, traduit de l'allemand. 1 vol.
— *Le roman d'une orpheline.* 1 vol.
Hope : *Service de la reine*, traduit de l'anglais. 1 vol.
Hume (F. G.) : *Le mystère d'un hansom cab*, traduit de l'anglais. 1 vol.
— *Miss Méphistophélès.* 1 vol.
Le Queux (W.) : *La Dame en bleu.* 1 vol. traduit de l'anglais.
Hungerford (Mrs) : *Molly Bawn*, traduit de l'anglais. 1 vol.
— *La conquête d'une belle-mère.* 1 vol.

Hungerford (Mrs) (suite) : *Premières joies et premières larmes.* 1 vol.
— *Le médaillon.* 1 vol.
Manzoni : *Les fiancés*, traduit de l'italien. 2 vol.
Marchi (E. de) : *Démétrius Pianelli*, traduit de l'italien. 1 vol.
— *L'accusateur imprévu.* 1 vol.
Mayne-Reid : *La piste de guerre*, traduit de l'anglais. 1 vol.
— *La quarteronne.* 1 vol.
— *Le doigt du destin.* 1 vol.
— *Le roi des Séminoles.* 1 vol.
— *Les partisans.* 1 vol.
Neera : *Thérèse*, traduit de l'italien. 1 vol.
Ouida : *Amitié*, traduit de l'anglais. 1 vol.
Rider-Haggard : *Jess*, traduit de l'anglais. 1 vol.
— *Le colonel Quaritch.* 1 vol.
Savage : *Un mariage officiel*, traduit de l'anglais. 1 vol.
Schmitthenner : *Une vie d'Artiste*, traduit de l'allemand. 1 vol.
Smith (J.) : *L'héritage*, traduit de l'anglais. 3 vol.
Stevenson (R.-C.) : *Le Naufrageur.* 1 v.
— *Catriona.* 1 vol.
Thackeray : *La foire aux vanités*, traduit de l'anglais. 2 vol.
Tolstoï : *Les Cosaques*, traduit du russe.
Tourgueneff (I.) : *Mémoires d'un seigneur russe*, traduit du russe. 2 vol.
— *Scènes de la vie russe.* 1 vol.
— *Nouvelles Scènes de la vie russe.* 1 vol.
Troloppe (A.) : *Les Tours de Barchester.* 1 vol.
Van Vorst (Mrs J. et M.) : *La fille de Bagsby.*
Wilkie Collins : *Œuvres*, traduites de l'anglais.
    La morte vivante. 1 vol.
    La piste du crime. 2 vol.
    C'était écrit. 1 vol.
    La Pierre de Lune. 2 vol

questions qui passionnent notre temps. Mais le lecteur exige aussi une grande distraction de l'esprit. Il aime les surprises de l'imagination, il se prend volontiers aux aventures, aux douleurs, aux remords et aux joies des héros et des héroïnes; les fictions de la poésie, du roman, du drame ou de là comédie l'émeuvent et le captivent. Nous donnerons satisfaction à ces aspirations légitimes.

Tous nos articles pourront être lus par des jeunes filles. Plusieurs seront destinés aux enfants qui aiment les récits d'aventures et les contes qui les transportent dans le monde d'imagination où ils se plaisent.

Le Livre du mois pour cinquante centimes.

Les *Lectures pour Tous* paraissent le 1er de chaque mois depuis le mois d'Octobre 1898 et contiennent

96 pages de texte et 110 Gravures.

Chaque Numéro, format grand in-8º à deux colonnes, imprimé sur papier de luxe, renferme environ dix ou douze articles variés. Il se vend **50 centimes**; franco par la poste en France, **60 centimes** et pour l'Union postale **75 centimes**.

LES DOUZE

PREMIÈRES ANNÉES (1899-1910)

FORMENT

Douze magnifiques volumes grand in-8

ILLUSTRÉS CHACUN DE PLUS DE **1 200** GRAVURES

Chaque année, reliée, 9 fr.

(Les années 1899 à 1906 sont épuisées).

ABONNEMENTS

UN AN. — Paris, **6** fr. ; Départements, **7** fr. ; Étranger, **9** fr.
SIX MOIS. — Paris, **3** fr. **50**; Départements, **4** fr.; Étranger, **5** fr.

COULOMMIERS. IMP. PAUL BRODARD. — 9-10-1700.

9 782019 136727